HEYNE ■ STILKUNDE

Hartmut Schäfer
BYZANTINISCHE ARCHITEKTUR

mit 91 Abbildungen,
davon 16 in Farbe,
und 45 Grundrissen
sowie 6 Aufrissen

W0060921

Wilhelm Heyne Verlag
München

Die Stadt Byzantion wurde der Legende nach um 660 v. Chr. von Dorern unter dem Führer Byzas auf der Landzunge zwischen Marmara-Meer und Goldenem Horn, einem Seitenarm des Bosporus, gegründet. Nach der Eroberung Byzantions 328 ließ Kaiser Konstantin d. Gr. die Stadt wiederaufbauen sowie nach Westen erweitern und erhob sie 330 zu seiner Hauptstadt Nea Roma (Neu-Rom). Nach ihrem Neu-Gründer auch Konstantinopel genannt, wurde sie 395 Hauptstadt des Oströmischen, später des Byzantinischen Reiches. 1453 eroberten die Türken Konstantinopel, dessen Stadtkern sie Stambul nannten. Die gesamte Stadt heißt heute Istanbul.

Die Grundrisse werden in maximaler Größe reproduziert; auf eine Nordung der Zeichnungen, wie sie bei Landkarten üblich ist, wurde dabei verzichtet. Bei Grundrissen ohne Pfeil ist Norden oben, wenn nicht anders vermerkt.

Gelegentlich steht auf einer Seite ein Sternchen (*); die Seitenzahl taucht im Anmerkungsteil als Stichzahl auf, unter der eine Erläuterung zum Text gegeben wird.

Copyright © 1978 by Wilhelm Heyne Verlag, München
Bildnachweis: Archiv des Autors und des Verlages; Zeichnungen von Theodor Schwarz
Umschlagfoto: Bildagentur Mauritius, Mittenwald
Umschlaggestaltung: Atelier Heinrichs, München

Printed in Germany 1978
Gesamtherstellung: Friedrich Pustet, Regensburg
ISBN 3-453-41209-5

INHALT

S. Comba de Bande (Provinz Orense); Ansicht von Nordosten

BETRACHTUNGEN
ZUM BYZANTINISCHEN STIL

Stilbezeichnungen stellen Hilfsmittel dar, die bei der Auseinandersetzung mit Werken der Kunst eine Verständigung erleichtern sollen. Die stilistischen Begriffe sind eng an den Bereich geknüpft, für den sie entwickelt wurden. Eine Übertragung von Stilbegriffen der Bildenden Kunst auf die Musik und Literatur ist nahezu unmöglich; selbst zwischen Architektur, Malerei und Plastik sind Stilbegriffe nicht ohne weiteres austauschbar. Je weiter man sich in der Kunstgeschichte der Gegenwart nähert, desto mannigfaltiger werden – entsprechend den immer vielschichtigeren Zusammenhängen – die Stildifferenzierungen und -abgrenzungen. Das Netz der Begriffe wird feiner, um den Kunstphänomenen gerecht werden zu können.

Der Begriff »Byzantinische Kunst« bezeichnet – ebenso wie etwa der Begriff »Römische Kunst« – weniger ein stilistisches Phänomen als vielmehr die gesamte Kunstproduktion des Byzantinischen Reiches während eines Zeitraumes von rund tausend Jahren; dabei unterscheidet man gemeinhin noch zwischen früh-, mittel- und spätbyzantinischer Kunst. Man bezieht sich zur näheren Bestimmung auch auf die Kaiserdynastien, spricht von »komnenischer« oder »paläologischer« Kunst, wählt Begriffe wie »Zeitalter Justinians« oder »Kunst des Ikonoklasmus« (des Bilderstreites), um aus dem Rahmenbegriff »byzantinisch« einen speziellen Bereich abzugrenzen.

Dieser Sprachgebrauch macht deutlich, daß es in der byzantinischen Kunst keine stilistischen Klassifizierungen – wie beispielsweise Romanik oder Gotik – gibt. Der Bogen, den die Entwicklung der byzantinischen Architektur beschreibt, ist weiter gespannt als im übrigen Europa: Er reicht von der Zeit der Spätantike bis zum Untergang des Byzantinischen Reiches. In jenen Gebieten, die auch danach unter christlicher Herrschaft verblieben, reicht dieser Entwicklungsbogen noch weiter.

Über byzantinische Architektur zu schreiben, ist im wesentlichen gleichbedeutend mit einer Darstellung des byzantinischen Kirchenbaues. Während Profanbauten im Laufe der nachbyzantinischen Jahrhunderte ersetzt wurden, besaßen die Kultbauten eine erheblich größere Kontinuität. Daß etwa in Konstantinopel, einem Ballungsraum mit lebhafter Bauaktivität, zahlreiche Kirchen erhalten blieben, liegt an ihrer Umnutzung: Die Kirchen wurden in Moscheen umgewandelt oder als profan genutzte Räume verwendet, die aufgrund solider Bauweise die Jahrhunderte überdauerten.

Es bedarf einiger grundsätzlicher Bemerkungen, was der Begriff »Stil« in bezug auf Architektur bedeutet, welche Kriterien einen architektonischen Stil festzustellen und eine stilistische Entwicklung abzulesen erlauben. Findet man etwa in der Literatur des 19. Jahrhunderts den Begriff »Rundbogenstil«, so soll dieses Wort nicht mehr als eine allgemeine bildhafte Vorstellung von romanischer Architektur auslösen. Dieser Begriff hat assoziativen Charakter, sagt über den Stil jedoch nichts Wesentliches aus; denn Rundbögen finden sich in der römischen Architektur ebenso wie in Byzanz oder der islamischen Baukunst, in der Romanik wie im Barock. Der Rundbogen ist nur ein Stilmerkmal unter vielen anderen, er kann keine Auskunft über die Zugehörigkeit eines Gebäudes zu einem bestimmten Stil geben. Erst eine Gruppe von Merkmalen ist geeignet, einen Stil zu bestimmen.

Stilmerkmale sind Elemente, aus denen sich das architektonische Gesamtbild eines Bauwerks zusammensetzt. Dabei sind nicht nur Details wie Fenster- oder Türformen, Kapitelle oder Gewölbe wichtig, sondern auch der weitgehend abstrakte und häufig in der Betrachtung vernachlässigte Raumcharakter: Wenn man sich vor Augen hält, daß ein Raum beispielsweise eine starke Längsentwicklung besitzen, hoch oder niedrig sein kann, daß also in diesem Sinne verschiedenartige Räume kombinierbar sind oder verschiedenartige Raumgebilde einander durchdringen können, dann wird klar, daß diese Variationsmöglichkeiten nicht weniger vielfältig und aussagekräftig sind als die einer Fensterform oder eines Gewölbes. Der Unterschied zwischen einer romanischen und einer gotischen Kirchenanlage, zwischen einer flach gedeckten frühchristlichen Basilika und einer byzantinischen Kreuzkuppelkirche äußert sich im unterschiedlichen Raumcharakter ebenso wie in der formalen Gestaltung der architektonischen Einzelformen.

Als dritter Komplex muß das Verhältnis der Architektur und des Architekturraumes zur Umgebung angesprochen werden. Architektur kann auf ihre Umgebung Bezug nehmen, kann in sie eingebunden sein. Ein Architekturraum vermag sich durch große Fenster zum umgebenden Raum zu öffnen oder durch ungegliederte Mauern und kleine Fenster gegen ihn zu verschließen.

Wenn man also die Frage nach dem Stil stellt und eine stilistische Entwicklung nachzeichnen will, dann muß man eine ganze Palette von wandelbaren Eigenheiten im Auge behalten. Stil (abgeleitet vom lateinischen »stilus« = Griffel) setzt sich aus einer Vielfalt von Merkmalen zusammen. Durch die Gleichartigkeit der verschiedenen Merkmale sowie durch das Verhältnis der einzelnen Stilmerkmale zueinander schließen sich individuelle Kunstwerke zur Gruppe eines Zeitstiles zusammen, zu einer Gruppe innerhalb der übergreifenden künstlerischen Entwicklungslinie, ohne daß eine exakte Trennung zwischen diesen Stilgruppen vorgenommen werden könnte.

Die Schwierigkeit, die Grenze eines Stiles oder einer Stilepoche zu bestimmen, zeigt sich auch bei dem Problem, den Zeitpunkt festzulegen, zu dem man nicht mehr von einer »oströmischen« oder »spätantiken« Architektur sprechen, sondern eine Zuordnung zur »byzantinischen« Kunst vornehmen kann. Auch der Behelf, die Kirchenbauten des Oströmischen Reiches als »frühchristlich« zu bezeichnen und damit auf einen eher funktionalen Begriff auszuweichen, löst dieses Problem nicht. Die konstantinischen Basiliken in Rom gehen ebenso wie die konstantinische Hagia Sophia in Konstantinopel auf die spätantike Baukunst zurück, sie zeigen – wenn auch für neue Zwecke – längst bekannte Formen und architektonische Mittel.

Aus dem Römischen Reich hervorgegangen, fühlten sich die Byzantiner noch jahrhundertelang Rom zugehörig. Sie bezeichneten sich als Rhomäer und stritten mit den deutschen Kaisern darüber, wer legitimer Nachfolger des Römischen Reiches sei. So war es für Justinian (der 527–65 regierte) ein erklärtes Ziel seiner Politik, das Territorium des Oströmischen Reiches wieder auf jene Größe auszudehnen, die das alte Römische Reich in seiner Blütezeit besessen hatte.

Einleitend seien noch einige grundsätzliche Bemerkungen zur Bautechnik sowie zur Terminologie vorangeschickt. Als Baumaterial wurden Steine und Ziegel verwendet oder zu einem Mischmauerwerk kombiniert. Die Wahl des Materials wurde natürlich in erster Linie von den landschaftlichen Gegebenheiten bestimmt. So ist Anatoliens Baumaterial überwiegend Stein; hingegen wurden die Bauten Konstantinopels, Griechenlands und des Balkans vornehmlich aus Ziegeln mit Steinlagen errichtet, wobei das Verhältnis der beiden Baustoffe zueinander wechselte. Als Bindemittel diente Kalkmörtel, der in den Gebieten des Ziegelbaues oder des Mischmauerwerks nicht nur mit Sand, sondern auch mit Ziegelmehl gemagert wurde, das den Mörtel rotbraun macht.

Fast alle byzantinischen Kirchen besitzen eine Vorhalle (Narthex); sie ist dem Kirchenschiff, dem Naos, vorgelagert. Die äußere Vorhalle wird als Exonarthex, die innere als Esonarthex bezeichnet. Die Mittelapsis schließt nicht unmittelbar östlich an den Naos, sondern an das Bema an (das dem Chorjoch des romanischen Kirchenbaues vergleichbar ist). Beiderseits des Bemas liegen kleinere, meist mit Apsiden versehene Räume, die – im Gegensatz zur westlichen Architektur – nicht als Nebenchöre dienten, sondern als Pastophorien, als liturgische Nebenräume verwendet wurden. In der Regel liegt im Norden die Prothesis, in der die Vorbereitungen für das Meßopfer getroffen werden, und im Süden das Diakonikon, das die Funktion einer Sakristei erfüllt. Die Pastophorien und das Bema mit der Mittelapsis sind dem Klerus vor-

Unbekannter
Meister
»Kaiser Justinian«,
Mitte des
5. Jahrhunderts,
Mosaik (Ausschnitt).
Ravenna,
S. Vitale

behalten; diese Räume wurden gegen den Naos durch Chorschranken von Brusthöhe oder später durch eine Ikonostasis, eine Bilderwand, abgegrenzt.

Die Gewölbeform spielt in der byzantinischen Sakralarchitektur eine wichtige Rolle. Das Spektrum der verwendeten Grundformen ist gering, vielfältiger hingegen die formale Variation, besonders der Kuppel. Neben dem Tonnengewölbe begegnet uns das – geometrisch gesehen – aus der rechtwinkligen Durchdringung zweier gleich hoher Tonnen gebildete Kreuzgratgewölbe. Bei den Kuppelformen unterscheidet man vornehmlich die Kalotte (Abschnitt einer Hohlkugel oberhalb der Kugelmitte), die Trompenkuppel und die Pendentifkuppel. Im fortgeschrittenen Entwicklungsstadium ist bei den großen Zentralkuppeln zwischen der tragenden Unterkonstruktion und der Kuppelrundung ein zylindrischer, im Außenbau zumeist polygonaler, mit Fenstern versehener Tambour eingeschoben.

Byzantinische Fenster besitzen runde Bögen, die jedoch nicht unbedingt einen Halbkreis beschreiben müssen, sondern – ebenso wie die Tonnengewölbe und Kuppeln – gestelzt oder gedrückt sein können. Die Fenster sind oft zu Gruppen zusammengefaßt oder aneinandergereiht, wobei die einzelnen Fensteröffnungen durch Zwischenstützen voneinander getrennt werden. Eine beliebte Form ist das Tripelfenster: Der Bogen ist bei der mittleren Öffnung häufig höher gezogen als bei den beiden seitlichen Öffnungen, die manchmal nur einhüftige, zur Mitte hin ansteigende Bögen aufweisen.

Das formale Ausgangsmaterial der byzantinischen Architektur läßt sich auf einige Grundformen zurückführen: Im Vergleich mit der Formenvielfalt der Romanik und der Gotik Westeuropas, ist es fast schon als ärmlich zu bezeichnen. Betrachtet man die Formen, so mag man sich an die Register einer Orgel erinnert fühlen, die sich zu immer anderen Klangkombinationen zusammenstellen lassen. In der byzantinischen Architektur finden sich immer neue Zusammenstellungen bekannter Einzelformen. Die eigentliche stilistische Entwicklung spielt sich nicht so sehr im formalästhetischen Bereich ab, sondern im Bereich des abstrakten Raumes, des Raumcharakters und der Raumordnung.

ANFÄNGE DER
BYZANTINISCHEN ARCHITEKTUR

Die spätantik-frühchristliche Kunst bildet die gemeinsame Wurzel sowohl für die westliche mittelalterliche als auch für die byzantinische Kunst. Sie verbreitete sich rasch im gesamten Römischen Reich und war damit eine gleichsam internationale Erscheinung, ein Phänomen, das ebenso in den entfernten römischen Provinzen anzutreffen war wie im Mutterland. So ist es selbstverständlich, daß zwischen den frühen Kirchen in Rom und in Konstantinopel, dem »Neuen Rom«, keine grundsätzlichen Unterschiede bestanden. Zwei Raumformen bestimmten hier wie dort den Kirchenbau: die christliche Basilika, die aus der spätantiken Marktbasilika hervorgegangen war, und der Zentralbau, einst Prototyp des kaiserlichen Grabbaues, jetzt Kultbau vornehmlich für die Märtyrerverehrung. So ist Konstantinopels erste *Hagia Sophia*, die Kaiser Konstantin der Große (324–37) plante und sein Nachfolger Constantius (337–61) vollendete, den großen frühchristlichen Basiliken Roms an die Seite zu stellen. Der älteste in Istanbul erhaltene Memorialbau, das unter einer Kirche gelegene *Martyrion der Heiligen Karpos und Papylos*, war als Zentralbau konzipiert.

Das Zentrum einer basilikalen Anlage bildet ein längsgerichteter Raum, an dessen Schmalseiten sich Eingangsportal und Apsis gegenüberliegen. Dieses Mittelschiff wird auf beiden Seiten von einem oder bei größeren Anlagen auch von zwei oder drei Nebenschiffen von geringerer Breite und Höhe flankiert. Zwischen dem Hauptschiff und den Nebenschiffen befinden sich Säulenstellungen, welche die Räume gegeneinander abgrenzen und zugleich die Oberwand des Hauptschiffes tragen, durch deren Rundbogenfenster der Hauptraum sein Licht empfängt. Bezeichnend für die frühchristlichen Basiliken, die mit einem einfachen, offenen Dachstuhl oder auch einer flachen Holzdecke nach oben abgeschlossen waren, ist die große Längserstreckung. Aufgrund der großen Entfernung, die man vom Eingang bis zum Apsisbereich zurücklegen mußte, hat man diese basilikalen Bauten auch als »Weg«-Architektur bezeichnet.

Im Gegensatz dazu waren die Zentralbauten, die Martyrien und die Baptisterien, gleichsam richtungslose Architekturen. Sie bestanden aus einem runden oder polygonalen Raum, der mit einem oder mehreren Umgängen versehen sein konnte wie beispielsweise *S. Costanza, S. Stefano Rotondo* oder das Baptisterium *S. Giovanni in Laterano* in Rom. Der Zentralbau war von der Thermenarchitektur und dem Grabbau her eine geläufige Raumform der Zeit.

Den gegensätzlichen Raumcharakter von Basilika und Zentralbau suchte man im oströmisch-byzantinischen Bereich zu vereinen. Dieses Unterfangen führte zu einem breiten Spektrum von Lösungen und stellte ein architektonisches Grundproblem dar, das auch noch nach dem Untergang des Byzantinischen Reiches hervorragende türkische Architekten wie etwa den Baumeister Sinan beschäftigte. Auch Renaissance und Barock sahen darin ein Grundproblem architektonischer Raumgestaltung.

Wie sich das in frühchristlicher Zeit entwickelte basilikale Bauschema änderte, läßt sich an der *Johannes-Studios-Kirche* in Kon-

Istanbul, Johannes-Studios-Kirche; Schnitt Süd-Nord

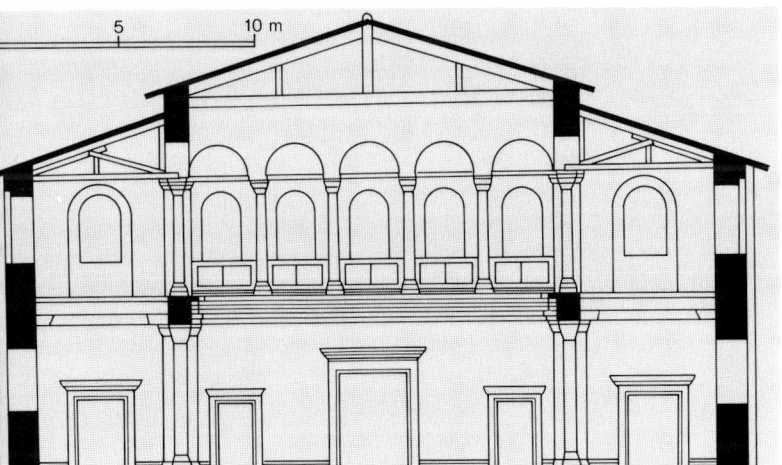

stantinopel ablesen. Diese als Ruine erhaltene Klosterkirche, deren Aussehen gut rekonstruierbar ist, wurde 463 von dem Senator Studios gegründet. Entscheidend geändert hat sich das Verhältnis von Baulänge zu -breite. Die Grundfläche des Kirchenraums (ausschließlich des Narthex und der Apsis) ist annähernd quadratisch. Dies bedeutet, daß das Hauptschiff zwar noch immer gerichtet ist, durch das ausgeglichenere Längen-Breiten-Verhältnis jedoch nicht mehr den ausgeprägten Wegcharakter konstantinischer Basiliken besitzt; der Raumcharakter ist ruhiger geworden.

Auch der Aufriß der Basilika hat sich geändert. Über den Seitenschiffen, die das Mittelschiff flankieren, liegen Emporen, die (wie die Nebenschiffe) durch Säulenstellungen vom Hauptraum abgetrennt sind. Im Aufbau ist die Basilika ebenfalls blockhafter geworden. Die unterschiedliche Höhe zwischen Hauptschiff und Nebenschiffen ist zugunsten der Anlage von Emporen aufgegeben worden, welche die Höhendifferenz nivellieren. Die *Johannes-Studios-Kirche* gehört dem Typus der Emporenbasilika an, der aus der konstantinischen Basilika entwickelt wurde und bereits zwei Charakteristika aufweist, die für die Entwicklung der byzantinischen Baukunst der Folgezeit von Bedeutung sind: die ausgeglichene

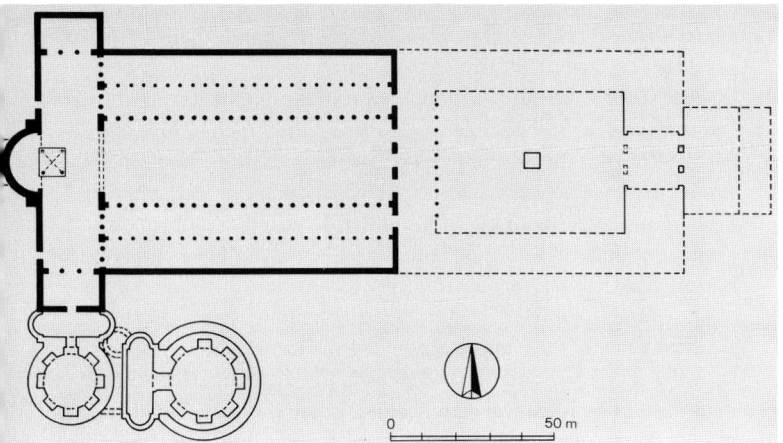

Rom, Alt-S. Peter

Proportionierung und die Zweigeschossigkeit der Seitenbereiche, also die Kombination von Seitenschiff mit Empore.

Ein weiteres Raumelement, das für die byzantinische Architektur grundlegende Bedeutung gewann, ist das Querschiff, das in einfacher Form bereits in konstantinischen Basiliken vorkommt. Als Beispiel sei auf Alt-*S. Peter* in Rom als den in der Kunstgeschichte wohl prominentesten Repräsentanten dieses Grundrißtyps verwiesen. Dort war zwischen dem basilikalen Langhaus und der Ostwand der Kirche ein Querschiff eingeschoben, das etwa die gleiche Breite und Höhe wie das Hauptschiff der Basilika besaß. Die Schmalseiten des Querschiffs ragten nicht über die äußeren Längsfluchten der Seitenschiffe hinaus. Innerhalb des räumlichen Aufbaus der Kirche fing das Querschiff die in der Längsrichtung von Hauptschiff und Nebenschiffen enthaltene Bewegung vom Eingang zur Apsis auf, ohne daß eine räumliche Durchdringung von Langhaus und Querschiff stattfand. Das Querschiff bewirkte in dem vor der Apsis liegenden Bereich, wo in frühchristlicher Zeit der Altar jeweils zur Feier der Eucharistie aufgestellt wurde, eine ruhige architektonische Ausgewogenheit.

Diese Untergliederung in Raumeinheiten verschiedener Richtung führte bei den Kirchenbauten schon früh zur Ausbildung kreuzförmiger Grundrisse, wobei der aufgehende Bau jedoch sehr verschieden ausfallen konnte. Kreuzförmige Bauten sind bereits in antiker Zeit errichtet worden, bevor sie im christlichen Kulturbereich zu größerer Bedeutung gelangten. Ein nicht unwesentliches Motiv für die Beliebtheit kreuzförmiger Kirchenbauten ist seit früher Zeit der Symbolwert, den das Kreuz für den christlichen Glauben besitzt. Daß diese Grundrißform als Zeichen der Auferstehung und Erlösung gedeutet wurde, ist für das 4. Jahrhundert bereits schriftlich überliefert.

Die Kreuzform der frühen Kirchenbauten ist ein Resultat der Addition mehrerer Raumeinheiten. Im *Martyrion des Hl. Babylas* in Antiochia, das 378 entstand, wurde das Zentrum der Anlage mit dem Grab des Heiligen durch einen quadratischen Baukörper gebildet, der durch vier untergeordnete Schiffe zu einer kreuzförmigen Kirchenanlage erweitert wurde.

Ebenso additiv, wenn auch in der Konzeption unterschiedlich, ist die 382 begonnene Kirche *Ss. Apostoli* in Mailand angelegt. Die

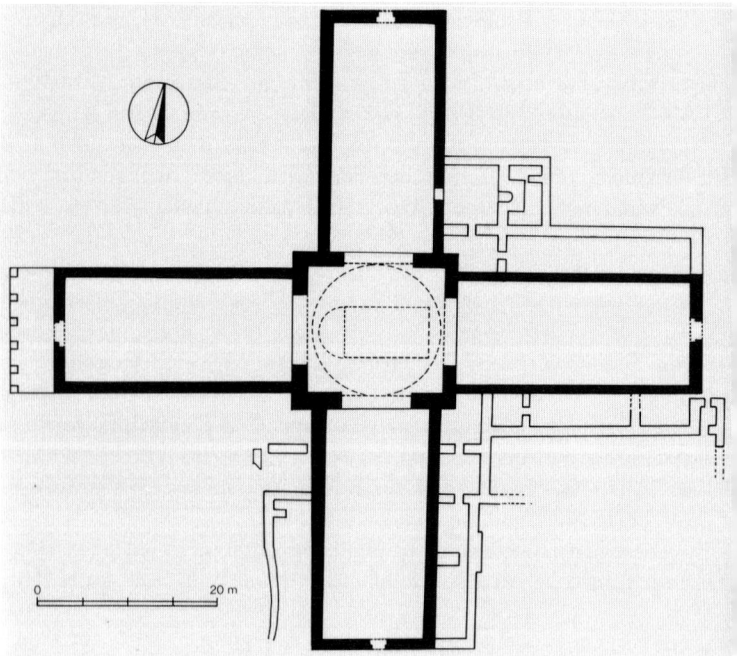

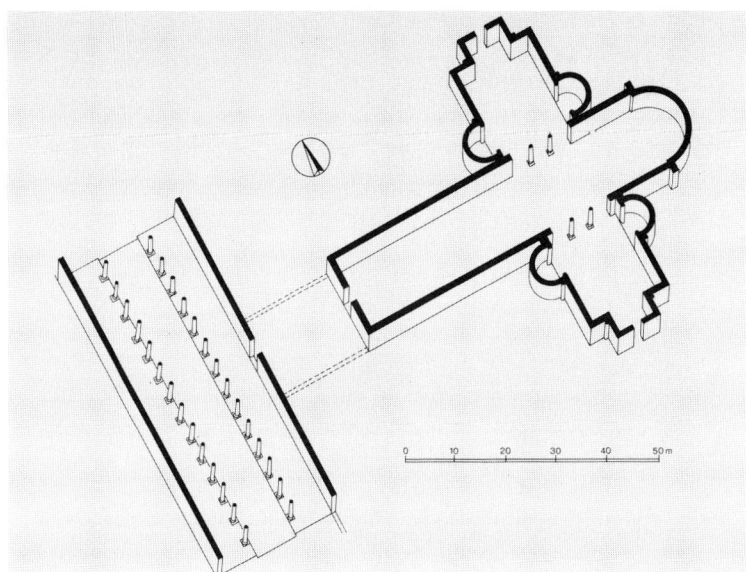

Mailand, Ss. Apostoli

Kreuzform (auf deren Bedeutung in der Bauinschrift »forma crucis templum est, templum victoria Christi sacra triumphalis signat imago locum«* hingewiesen wird) ergab sich, indem man dem Längsschiff, das im Westen den Eingang und im Osten eine leicht eingezogene Apsis besitzt, an beiden Seiten je ein quergerichtetes Schiff von geringerer Höhe anfügte. Die quergerichteten Räume sind zum Längsschiff hin durch Tripelarkaden gleichsam abgeschirmt.

Diese frühen Beispiele christlicher, kreuzförmiger Architekturanlagen stehen noch ganz in der Tradition antiker Bauweise. Sowohl die räumliche Gruppierung als auch die Einzelformen lassen keine Eigenheiten erkennen, die eine Klassifizierung als spezifisch christliche Architektur gestatten. So ist es in dieser Zeit noch selbstverständlich, daß die angeführten Beispiele in Antiochia und Mailand – trotz großer Entfernung hinsichtlich ihrer Standorte und aller Unterschiedlichkeit im Einzelnen – mit gleichen, mit spätantiken Mitteln gestaltet wurden.

Ausgehend von dem Nebeneinander verschieden gerichteter Räume kam es im Laufe der weiteren Entwicklung zu neuen Raumkonzeptionen, bei denen die Räume, die eine verschiedene Richtung aufweisen, nicht additiv aneinandergefügt wurden, sondern sich gegenseitig durchdringen.

Ein gutes Beispiel einer solchen Anlage ist das *Mausoleum der Galla Placidia* in Ravenna. Galla Placidia, die 450 verstorbene Tochter des Kaisers Theodosius I., war zuerst mit dem Westgotenkönig Athaulf, später mit Kaiser Constantius III. verheiratet. In diesem Grabbau wurde die räumliche, kreuzförmige Durchdringung der Baukörper konsequent vollzogen. Tonnengewölbe betonen den Richtungsverlauf der Kreuzarme; dort, wo sich der längsgerichtete und der quergerichtete Baukörper überschneiden, ist eine andere Gewölbeform gewählt worden. Der den beiden Kreuzarmen gemeinsame Raum, das Zentrum des Kreuzes, wurde in der Vertikalrichtung vergrößert und das gemeinsame Grundrißquadrat durch einen rechteckigen Tambour erhöht, in den eine Kalotte eingefügt ist. Dadurch erhält der Bereich der räumlichen Durchdringung seine architektonische Betonung. Dieses im *Mausoleum*

der Galla Placidia verwirklichte Raumkonzept entspricht einer ästhetischen Notwendigkeit, wonach – vereinfacht ausgedrückt – beim Gleichmaß von Länge und Breite eines Raumes die Höhe eine besondere Bedeutung erlangt.

Bauten vom Typ des *Mausoleums der Galla Placidia* repräsentieren einen wichtigen Entwicklungsstand, bei dem bereits all das wenigstens in Ansätzen vorgeformt ist, was für die byzantinische Architektur der Folgezeit von grundlegender Wichtigkeit werden sollte: räumliche Synthese und vertikale Raumentfaltung.

Die vertikale Raumtendenz, die sich beim *Mausoleum der Galla Placidia* beobachten läßt, kann man mit Zentralbauten in genealogischem Zusammenhang sehen. Bei Zentralbauten, die im Vergleich zu basilikalen Anlagen eine verhältnismäßig kleine Grundfläche besitzen, ist die Raumentwicklung entsprechend der eben beschriebenen ästhetischen Gesetzmäßigkeit nach oben gerichtet. Es handelt sich um Räume, die keinen horizontalen Richtungsimpuls besitzen und dadurch gleichsam in sich selbst ruhen. Beim *Mausoleum der Galla Placidia* versuchte man, die Charakteristika eines Zentralbaues mit denen einer längsgerichteten kreuzförmigen Anlage zu verbinden; der Bereich, in dem sich Längs- und Querraum durchdringen, wurde wie ein Zentralraum behandelt.

Die Überhöhung eines Raumteils innerhalb eines aus mehreren Teilen bestehenden Raumgefüges wurde bereits im 5. Jahrhundert auch in das Basilika-Konzept eingeführt: Den die Horizontale betonenden basilikalen Kirchenschiffen wurde ein die Vertikale betonendes Raumelement integriert. Durch diese Kombination von Raumeinheiten unterschiedlicher Qualität entstand die Kuppelbasilika.

Ein frühes, noch als Übergangsform zu bezeichnendes Beispiel stellt die sog. *Kuppelbasilika* von Meriamlik dar. Die Kirche entstand im späten 5. Jahrhundert und blieb nur als Ruine erhalten. Dem Bauwerk wurde stets große Aufmerksamkeit zugewendet, zumal es als ältestes, sicher datiertes Beispiel der Kuppelbasilika gilt.

Die Wissenschaft ist sich über den räumlichen Aufbau und über den Stellenwert der Kirche innerhalb der Entwicklung im wesentlichen einig; denn der an den Ruinen prüfbare Grundriß läßt nur

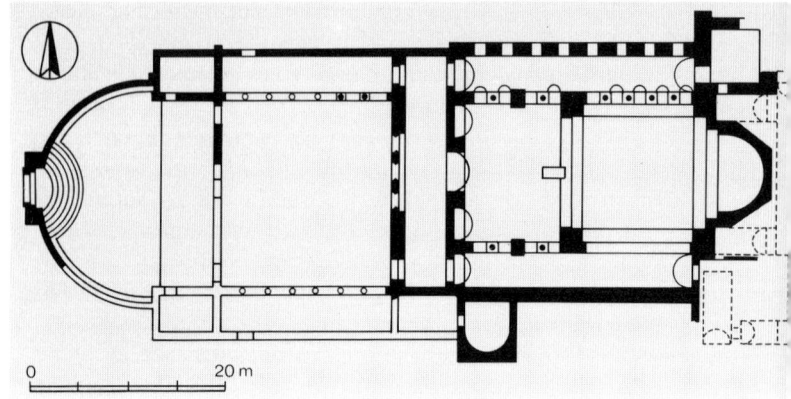

Meriamlik, »Kuppelbasilika«

einen begrenzten Spielraum für unterschiedliche Rekonstruktions-
möglichkeiten zu. Die Basilika, vor der im Westen ein atriumarti-
ger Vorhof liegt, besaß ein Hauptschiff mit eingezogener Apsis
im Osten, das von zwei tonnengewölbten Seitenschiffen begleitet
wurde. Das Hauptschiff wurde durch ein Paar massiver Pfeiler etwa auf der Hälfte der Längserstreckung in zwei ungefähr gleich
große Joche von annähernd quadratischem Format unterteilt. Im
westlichen Joch bestanden die Stützen zu den Nebenschiffen hin
aus Pfeilern im Wechsel mit Säulen, im östlichen Joch fanden sich
nur Säulen. Man ist sich darüber einig, daß der westliche Teil des
Mittelschiffes ein herkömmliches Tonnengewölbe oder eine
Flachdecke besessen hat; jedoch der östliche, vor der Apsis gelegene Bereich muß andersartig gedeckt gewesen sein: Manche Ge-
lehrte halten eine Kuppel für wahrscheinlich, andere Forscher würden einem pyramidalen Holzdach den Vorzug geben. Für welche
Rekonstruktion man sich auch entscheiden mag, beide Versionen
stimmen darin überein, daß der östliche Teil des Hauptschiffes,
dessen Ecken durch kräftige Pfeiler markiert sind, zentralisierend
überdeckt war. Damit wäre die *Kuppelbasilika* in Meriamlik eine
Kombination aus Zentralraum (dem östlichen Langhausjoch) und
Basilika. Zwar mag die Bezeichnung »Kuppelbasilika«, die sich für
diesen Kirchentyp eingebürgert hat, hier nicht wörtlich zutreffen,

entscheidend ist jedoch die Zusammensetzung aus Lang- und Zentralraum.

Eine andere Kirche aus dem gleichen geographischen Feld an der Südseite des Taurusgebirges, nahe dem Paß gelegen, ergänzt und verdeutlicht das, was sich an der *Kuppelbasilika* in Meriamlik rekonstruieren ließ. Es handelt sich um das *Alahan Monastiri*, eine Klosterkirche des späten 5. oder beginnenden 6. Jahrhunderts, die ebenfalls nur als Ruine erhalten ist. Über Jahre hin wurde der Kirchenbereich von verstürztem Steinmaterial befreit; die gut behauenen Steinquader wurden dabei so getreu wie möglich an ihren ursprünglichen Platz zurückversetzt. Bei dieser von guten Voraussetzungen ausgehenden Wiederherstellung der Anlage werden keine Verfälschungen der originalen Situation unterlaufen sein; denn trotz aller Beschädigungen der Kirche war der räumliche Aufbau klar ablesbar.

Wie in Meriamlik handelt es sich beim *Alahan Monastiri* um eine basilikale Anlage. Das Hauptschiff mit Apsis ist in drei Teile gegliedert: Zwei querrechteckigen Jochen mit Pfeilerbegrenzungen folgt ein quadratisches Joch, das an den Ecken durch Pfeiler markiert wird und zu den Seitenschiffen hin Tripelarkaden besitzt;

Alahan Monastiri;
Blick auf
Kuppeljoch
und Apsis

das quadratische Joch weist etwa die gleiche Grundfläche auf wie die beiden quergerichteten westlichen Joche zusammen. Nach Osten hin schließen sich ein querrechteckiges Joch und die Apsis an. Jenes quadratische Joch, das etwa die Mitte der Längserstreckung einnimmt, ist durch einen rechteckigen Tambour überhöht, der in seinem oberen Teil Trompenbögen auf kurzen Säulen besitzt, die auf Konsolen stehen. Aufgrund der Unterkonstruktion kann man im westlichen Teil des Hauptschiffes auf eine flache Decke schließen. Hingegen ist die Abdeckung des Tambours umstritten: Wegen der erhaltenen Trompenteile hat man lange eine Kuppelkonstruktion angenommen; jedoch aufgrund der geringen Mauerstärke des Tambours (die nur eine Quaderbreite beträgt) erscheint ein achtseitiges, pyramidales Holzdach oder eine Holzkuppel wahrscheinlicher. Ungeachtet solcher Detailfragen ist auch hier sicher, daß die Charakteristika eines Zentralbaus und eines Longitudinalbaues miteinander verschmolzen wurden: Auf der Mitte ihrer Längserstreckung erhielt die Basilika einen zentralisierenden Akzent durch einen mit einem Tambour überhöhten und separat eingedeckten Raumteil.

Der Umstand, daß die ältesten bekannten Beispiele der Kuppelbasilika dem südlichen Kleinasien entstammen, darf nicht zu dem

Alahan Monastiri;
Blick in
den Tambour
mit Ansatz
einer Trompe

Schluß verleiten, daß die Entstehung dieses Kirchentypus hier zu suchen sei, sondern mag Zufall oder eine Folge des kultur- und besied-
lungsgeschichtlichen Schicksals dieser Landschaft sein. So hat man
vermutet, daß der Ursprung der Kuppelbasilika in der Hauptstadt
Konstantinopel liege, wo sich allerdings aufgrund der Bauaktivität während der folgenden Jahrhunderte bis in die Gegenwart hinein kein Beispiel erhalten konnte. An ein Entstehen der Kuppelbasilika in einem abgeschiedenen Teil Kleinasiens möchte man nicht
so recht glauben, zumal dieser Bautyp bereits im 6. Jahrhundert
eine beträchtliche Verbreitung aufweist, die sich vom Balkan bis
Armenien erstreckt.

Mit den vorgestellten Bauten in Antiochia, Mailand, Ravenna,
Meriamlik und Alahan Monastiri ist die Schwelle zum Zeitalter

Justinians (527–65) erreicht. Betrachtet man die Architekturentwicklung, so hat sich beim Kirchenbau der räumliche Aufbau so weit von der antiken Basis entfernt, daß es gerechtfertigt erscheint, die Kirchen des späten 5. Jahrhunderts, sicher aber die des Justinianischen Zeitalters als byzantinisch zu bezeichnen. Dabei soll allerdings nicht verschwiegen werden, daß dieser Feststellung einige Wissenschaftler unter Hinweis auf spätantike Kuppelbauten und Marktbasiliken widersprechen und sogar so weit gehen würden, die justinianische *Hagia Sophia* Konstantinopels als Höhe- und Endpunkt der römischen Architektur in Anspruch zu nehmen.

Die epochemachende Architekturform, die in dieser Zeit für den Kirchenbau entdeckt wurde, war die Kuppel, die einen Raum oder einen Raumteil von rechtwinkligem Grundriß überwölbte. Zeit und Ort der Erfindung des Kuppelgewölbes lassen sich nicht bestimmen. Die Form der ›falschen‹ Kuppel (bei der über rundem Grundriß die horizontal liegenden Mauerringe den jeweils darunterliegenden Ring nach innen überkragen, wodurch ein Kuppelgewölbe erreicht wird, das man häufig nachträglich glättete) gab es bereits in prähistorischer Zeit. Schließlich gelang es, einen Übergang vom rechteckigen Raumkörper zum runden Kuppelgewölbe zu konstruieren. Eine solche Raumeinheit ließ sich mit anderen oder gleichartigen Raumeinheiten verbinden und in großer Variationsbreite kombinieren. Wann und wo der konstruktive Schritt vollzogen wurde, war Gegenstand langer, leidenschaftlicher Diskussion: Kann die Einführung der Kuppel in das basilikale Schema auf eine Beeinflussung aus dem Orient zurückgeführt werden oder ist sie nur eine konsequente Fortführung antiker Bauweise, eine Architekturauffassung, die bereits in Roms Thermen und verwandten Anlagen enthalten war? Daß diese Frage überhaupt entstehen konnte, mag als Argument dafür gelten, daß die Architektur an der Wende vom 5. zum 6. Jahrhundert bei aller Traditionsgebundenheit bereits so viel Eigenständigkeit entwickelt hatte, daß man sie als byzantinisch bezeichnen kann. Die Verbindung von Longitudinalbau und Zentralbau war konstruktiv möglich und vollzogen worden und damit eine entwicklungsfähige Grundlage geschaffen, ohne die ein »Jahrhundertbau« wie die *Hagia Sophia* Justinians nicht entstanden wäre.

Istanbul, Theodosianische Landmauer: Graben, Vor- und Hauptmauer

Doch vorher soll auf eine profane, vor-justinianische Anlage eingegangen werden, auf die Befestigung Konstantinopels. Unter Kaiser Theodosius II. wurde um 413 in kurzer Bauzeit die *Landmauer* errichtet, um die Westseite der Hauptstadt zu sichern. Diese Anlage, die in den folgenden Jahrhunderten unter Beibehaltung der Konstruktionsprinzipien erweitert und bis in osmanische Zeit hinein immer wieder instandgesetzt wurde, macht auf den Besucher noch heute einen überwältigenden Eindruck. Sie ersetzte die konstantinische Mauer des 4. Jahrhunderts, die vermutlich rund einen Kilometer weiter zum Stadtkern hin verlief.

Die theodosianische *Landmauer* ist ein Befestigungswerk, das vollkommen in der antiken Tradition des Wehrbaues steht und zugleich den Prototyp byzantinischer Stadtbefestigungen darstellt. Sie bietet ein Beispiel dafür, wie stark Konstantinopel zu Beginn des 5. Jahrhunderts noch der Spätantike verpflichtet war. Die Befestigung besteht aus drei hintereinandergestaffelten Verteidigungslinien: Außen lag ein 10 m breiter und 5 bis 7 m tiefer Graben. Rund 12 bis 17 m dahinter befand sich die Vormauer, die gut 3 m stark und einschließlich des Zinnenkranzes 8 m hoch war; sie besaß Kasematten sowie einen Laufgang und vorgestellte halbrunde und rechteckige Türme, die jeweils rund 70 m voneinander entfernt waren. Im Abstand von 14,50 m von der Vormauer erhob sich die Hauptmauer, eine vollkommen massive Konstruktion von 4,50 m Tiefe und 15 m Höhe. Zwischen dem Marmara-Meer und dem Goldenen Horn besitzt diese Mauer 96 rechteckige und polygonale Türme, die nach antiker Festungsbauweise rund 10 m aus der Mauerflucht hervortreten.

Der Abstand zwischen diesen Türmen beträgt rund 70 m. In drei Linien konnte man dem Angreifer der Stadt entgegentreten: am Graben, an der Vormauer und an der Hauptmauer mit den jeweils zugehörigen Vorfeldern, die durch kleine Militärpforten zugänglich waren.

Die Mauerweise der Verteidigungsanlage ist repräsentativ für die spätantik-frühbyzantinische Zeit. Es handelt sich bei ihr um ein Mischmauerwerk aus Kalksteinquadern und quadratischen Ziegelplatten, wie sie während der gesamten byzantinischen Zeit verwendet wurden. Zwischen zwei Mauerschalen aus Quadern wurde ein Gußwerk aus Bruchsteinen, Ziegelbruch und Mörtel eingebracht; der so erstellte Mauerteil wurde in seiner vollen Breite mit fünf Ausgleichslagen Ziegel überdeckt, die ihrerseits dann als Grundlage für den nächsthöheren Abschnitt des Steinmauerwerkes dienten. Der Farb- und Strukturgegensatz beider Materialien bewirkt eine optische Gliederung und Belebung des Mauerwerkes.

Die riesige *Landmauer* genügte den Verteidigungsbedürfnissen der Stadt für Jahrhunderte. Jedoch den Feuerwaffen, die 1453 bei der letzten großen Belagerung durch die Türken eingesetzt wurden, konnte sie nicht widerstehen, wenn sie auch den Angreifern immer noch für lange Zeit ein schier unüberwindliches Hindernis war.

FRÜHBYZANTINISCHE ARCHITEKTUR
(6.–8. JHDT)

Bauten Kaiser Justinians

Die Herausbildung einer christlichen Sakralarchitektur führte zur Regierungszeit Justinians (527–65) zu einem Höhepunkt, wie er in der Architekturgeschichte nur selten erreicht wurde. Derjenige Kirchenbau, der am besten bezeugt, daß auf der Grundlage antiker Architekturerfahrung und antiker Formensprache eine neue architektonische Dimension erreicht wurde, ist die fast unverändert erhalten gebliebene *Hagia Sophia*, die Kirche der Göttlichen Weisheit, die Hauptkirche Konstantinopels und des Byzantinischen Reiches.

Im Jahre 532 gipfelten die Auseinandersetzungen zwischen den zwei großen politischen Parteien und der autokratischen Staatsstruktur des Reiches, die ihrem Wesen nach keine parteiliche Macht neben sich dulden konnte, im Nika-Aufstand. Justinian schlug die Revolution unter Anwendung äußerster Machtmittel nieder. Während der kriegerischen Auseinandersetzungen wurde das Zentrum Konstantinopels zerstört, auch die Sophienkirche, die als Nachfolgerin der Kirche Konstantins des Großen unter Kaiser Theodosius zwischen 404 und 415 errichtet worden war.

Justinian ordnete den Neubau der *Hagia Sophia* an. Die historische Konstellation legte es nahe, daß Justinian in dem an den Bezirk des Kaiserpalastes grenzenden Neubau seine wiederhergestellte und neu gefestigte Herrschaft dokumentiert und repräsentiert sehen wollte. Diese umfassende Bedeutung der *Hagia Sophia* als Symbol christlichen Glaubens und byzantinischer Macht ist während der ganzen Dauer des Byzantinischen Reiches lebendig geblieben und war es noch, als Sultan Mehmed Fatih 1453 in die eroberte Stadt einzog und die *Hagia Sophia* zur Freitags-Moschee* Istanbuls machte. Auch Sultan Ahmed muß sich der Symbolkraft bewußt gewesen sein, als er neben die Sophienkirche eine Moschee bauen ließ, die noch heute wie ein Konkurrenzbau mit gleichem

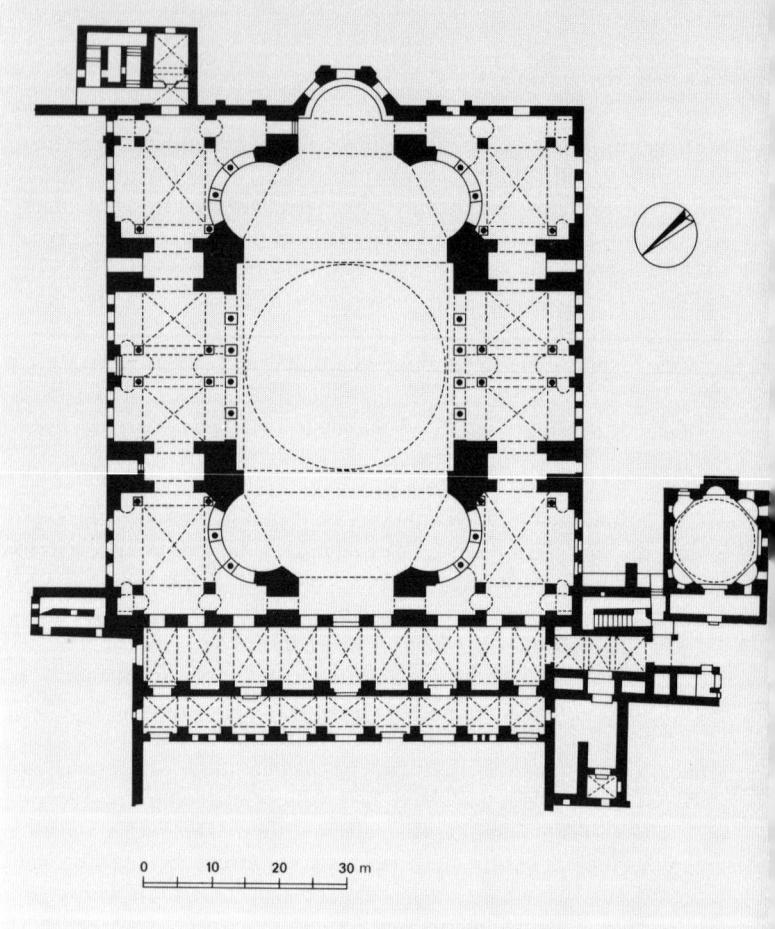

0   10   20   30 m

Istanbul, Hagia Sophia

Anspruch wirkt: Die Sultan-Ahmed-Moschee sollte die Symbolkraft der Sophienkirche besitzen und ebenso Größe wie Macht dokumentieren. Das zeigt sich nicht zuletzt darin, daß Sultan Ahmed sechs Minarette errichten ließ, eine Zahl, die bis dahin nur das Hauptheiligtum in Mekka aufwies und Mekka gleichsam zwang, ein siebentes Minarett zu bauen.

Bei der Bedeutung, die dem Neubau der *Hagia Sophia* zukam, ist es begreiflich, daß Justinian keinen materiellen Aufwand scheute. Prokop berichtete in seiner 555 verfaßten Beschreibung justinianischer Bauten: »Der Kaiser nun, der jeden Aufwand gering erachtete, ging eifrig ans Werk und ließ Künstler von überall herkommen. Anthemios von Tralleis, in der Ingenieurwissenschaft bei weitem der erfahrenste, nicht nur unter seinen Zeitgenossen, sondern auch unter seinen Vorgängern, unterstützte den Eifer des Kaisers, indem er die Arbeit der Bauführer leitete und die Pläne des zu Schaffenden vorrichtete. Zweiter Ingenieur neben ihm war Isi-

Istanbul, Hagia Sophia, Südwestseite

doros aus Milet, ebenfalls sachkundig und ausgezeichnet im Dienst des Kaisers«*. Prokop lobte die Einsicht des Kaisers, »weil er die Fähigsten von allen für das treffliche Werk auszulesen wußte«*.

Sowohl das Bauwerk selbst als auch die mit ihm verbundene schriftliche Überlieferung erlauben es, bei der *Hagia Sophia* den in der Architekturgeschichte nicht häufig anzutreffenden Glücksfall verwirklicht zu sehen, daß Bau- und Gestaltungstheorie ohne Rücksicht auf Kosten und bei einem Minimum unabdingbarer Vorgaben in die Wirklichkeit umgesetzt werden konnten. Ein zweiter Glücksfall ist der Umstand, daß Justinian solche Architekten für den Neubau heranzog, die nicht nur gute Praktiker, sondern offenbar auch Wissenschaftler von Rang waren: »Anthemios, der aus der Stadt Tralleis stammte, war ausgezeichnet als Ingenieur und brachte es zu Höchstleistungen in der Mathematikwissenschaft«*.

Grundriß und Aufriß der *Hagia Sophia* zeigen, daß die Kuppel das wichtigste Mittel der Raumgestaltung darstellt. Zum basilikalen Grundrißschema der Kirche, zur längsgerichteten Untergliederung in ein Hauptschiff, das von niedrigeren Seitenschiffen mit darüberliegenden Emporen flankiert wird, gesellt sich das zentralisierende Moment der Kuppel. In dieser Raumkonstellation geht die *Hagia Sophia* von dem Grundrißschema der Kuppelbasilika aus, wie wir es auch bei der *Kuppelbasilika* in Meriamlik und der Kirche *Alahan Monastiri* kennengelernt haben. Den Architekten Anthemios und Isidoros gelang die Verschmelzung zentraler und vertikaler Raumelemente in vollkommener statischer Verflechtung. Die *Hagia Sophia* stellt in der Entwicklung der Kuppelbasilika einen Höhepunkt und zugleich einen Endpunkt dar. Ihre Raumstruktur ließ sich über die hier gefundene Lösung hinaus nicht mehr weiterentwickeln, sondern nur noch variieren.

Über dem Zentrum der Kirche liegt eine Pendentifkuppel, die auf Pfeilern ruht, welche im Mittelschiff nur flächig in Erscheinung treten, während die Pfeilersubstanz im Seitenschiffsbereich liegt. An den Fuß dieser Mittelkuppel lehnen sich nach SO und NW – durch Gurtbögen getrennt – Halbkuppeln an. Diese flankierenden

Istanbul,
Hagia Sophia;
die nordöstliche
Schildwand
des Kuppelraumes

Halbkuppeln besitzen jeweils einen dreiseitigen Unterbau, der geometrisch aus drei Seiten eines Achteckes gebildet wird.

Voraussetzung der Gewölbe- und Raumlösung des Mittelschiffs, des kontinuierlichen Ansteigens der Raumhöhe von NW und SO zur Mitte hin, ist eine konstruktive, für die nachfolgende Architektur äußerst folgenreiche Neuerung. Läßt man mögliche Vorformen außer acht, wurde erstmals in der *Hagia Sophia* eine Pendentifkuppel errichtet. Ohne diese Konstruktionsform, bei der der Übergang vom Quadrat des Unterbaues zum Rund des Kuppelfußes durch sphärische Dreiecke, also Kuppelsegmente, gebildet wird, wäre der Raumcharakter der Sophienkirche nicht zu erreichen gewesen. Die älteren Kuppeln waren durchweg Trompenkuppeln: Mit Hilfe von Trompen (Bögen, die über die Ecken des quadratischen Unterbaus laufen) wurde die quadratische Grundform in ein Oktogon transformiert; diese, eine dem Rund weiter angenäherte Grundrißform konnte als Auflager für eine Kuppel dienen. Hätte man bei der Kuppel der *Hagia Sophia* Trompen verwendet, wäre es unvermeidlich gewesen, daß die Kuppelpfeiler in das Mittelschiff hineingeragt und eine optische Trennung der Mit-

Istanbul,
Hagia Sophia;
Blick in
den zentralen
Kuppelraum
von Süden

Istanbul, Hagia Sophia, Südostseite (kolorierter Stich von Fossati, 1852)

telkuppel von den anschließenden Halbkuppeln bewirkt hätten. Dadurch wäre das Mittelschiff über die ausgeführte Lösung hinaus in den Hauptraum und die in der Achse anschließenden Nebenräume untergliedert worden. Nur eine Pendentifkuppel ermöglichte es, die Kuppelwiderlager (jene Konstruktionsteile, welche den Schub der Kuppel aufzunehmen haben) in die Seitenschiffsbereiche zu verlegen. So ist dem Betrachter im Hauptraum der Kirche die notwendige, massive Unterkonstruktion der Kuppel größtenteils verborgen, wodurch die Kuppel einen fast schwebenden Eindruck macht. Die Wirkung der Schwerelosigkeit wird aber noch durch ein anderes Moment hervorgerufen: Der Fuß der Hauptkuppel wird von einer dichten Reihe Fenster durchbrochen; dies war möglich, weil die Kuppelschale in konstruktiv notwendige Rippen und statisch nicht belastete Zwischenräume aufgegliedert wurde. Dieses Prinzip der Unterteilung in tragende und nichttragende Gewölbeteile stimmt mit gotischer Gewölbekonstruktion weitgehend überein. Die Vielfalt an Variationsmöglichkeiten, die sich auf der Grundlage der Rippenkonstruktion erreichen läßt, wurde in Byzanz noch nicht erkannt. Darin liegt eine innere Zwangsläufigkeit; denn eine gestalterische Vielfalt hätte der räumlichen Klarheit und stereometrischen Bestimmtheit des Byzantinischen widersprochen.

Für die Halbkuppeln der Sophienkirche wurde die – im Vergleich zur Pendentifkuppel in der Mitte – urtümlichere Konstruktion der Trompenkuppel gewählt, jedoch in einer formalen Weiterbildung, die von höchster technischer und künstlerischer Meisterschaft zeugt. Da die an das zentrale Grundrißquadrat anschließenden Raumeinheiten jeweils mit einer Halbkuppel überdeckt

Istanbul,
Hagia Sophia;
Hauptschiff
mit
östlicher
Halbkuppel
und
Apsis

werden sollten, ergab sich die Notwendigkeit eines polygonalen Unterbaues. Dieses Problem wurde mit Hilfe von säulenbegrenzten, durch kleine Halbkuppeln bedeckten Nischen gelöst: Sie vermitteln zwischen den Längs- und Schmalseiten des Hauptschiffes; ihre Halbkuppeln erfüllen die Funktion von Trompen. Formal und statisch war es dabei eine glückliche Idee, den Fuß der Trompen-Halbkuppeln gleichsam bis zum Kirchenboden zu verlängern und dabei zugleich in halbkreisförmig angeordnete Säulenstellungen aufzulösen. Das Resultat war gleichsam die Abstraktion einer Trompe; denn dadurch, daß man die kleinen Halbkuppeln mit einem eigenen Unterbau versah, gab man ihnen ein Eigenleben.

Die geometrisch anzunehmende rechtwinklige Mauerecke zwischen Lang- und Schmalseite des Hauptschiffes, die durch eine Trompe überbrückt werden mußte, wurde entbehrlich. Daß der formal-konstruktive Ursprung der schräg gestellten Nischen in der *Hagia Sophia* die Trompe ist, läßt sich an einem anderen Beispiel, an Justinians Palastkirche, der *Sergios-und-Bacchos-Kirche*, leichter nachvollziehen.

Die beschriebene Unterkonstruktion für die Halbkuppeln der *Hagia Sophia* hatte tiefgreifende Folgen für die Raumbildung. Durch die schräg gestellten Nischen wurde die Grundrißform des Hauptschiffes einer gestreckten Ellipse angenähert. Das Vermindern der Mittelschiffsbreite an den Schmalseiten bewirkte in horizontaler Richtung das gleiche wie die Kombination von Kuppel und Halbkuppel in der Vertikalen: eine Zentralisierung des Kirchenraums. Wie bei der Anordnung der Kuppelgewölbe wurde auch im Grundriß die Verschmelzung von vertikaler und horizontaler Raumentfaltung angestrebt. Die Richtung des Kirchenschiffes vom Eingangs- zum Apsisbereich, durch die Säulenreihung im Mittelquadrat formal unterstützt, wird abgefangen und gleichsam zur Mitte zurückgelenkt durch die ovale Raumbildung an den Schmalseiten des Schiffs.

Die Belichtung der *Hagia Sophia* erfolgt in der Hauptsache von oben her durch die 32 Fenster der Zentralkuppel und der Halbkuppeln sowie durch die Fenster der Schildwände im NO, NW und SW. Allein die Schildwände im NO und SW weisen je zwölf Fenster auf, so daß der Raum von Licht durchflutet wird. Auch

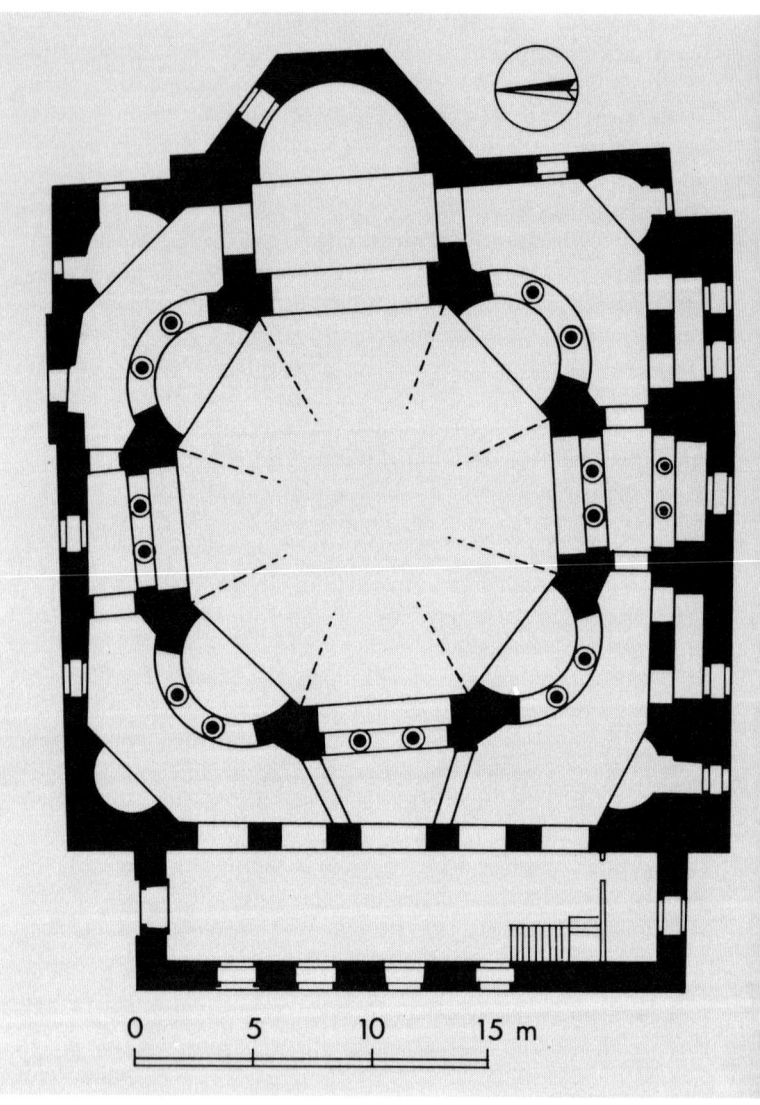

Istanbul, Sergios-und-Bacchos-Kirche

im Bereich der Nebenschiffe und Emporen wurde für großzügige Belichtung gesorgt, die jedoch für das Hauptschiff durch die Säulenstellungen gleichsam gefiltert wird.

Die heutige Hauptkuppel der Kirche ist nicht ihre erste. Die Kuppel von 537 war zu flach geraten, so daß sie bald nach der Fertigstellung einstürzte und durch eine neue Kuppel mit größerer Krümmung ersetzt werden mußte; diese Wiederherstellung wurde 562 abgeschlossen.

Von den Unterbauten für die Kuppelkonstruktion, welche die Schubkräfte und das Gewicht der Kuppel aufzunehmen haben, ist der Hauptraum der Sophienkirche so weit wie möglich freigehalten worden. Die Kuppelpfeiler und ein aus Säulen, Bögen, Tonnen- und Kreuzgratgewölben gebildetes Strebe- und Tragesystem wurden den Seitenschiffs- und Emporenbereichen zugeordnet, wo sie eine gliedernde und die Längserstreckung dieser Raumteile mildernde Funktion haben.

Die Wandflächen der *Hagia Sophia* wurden mit Marmorplatten verkleidet, die – aus demselben Block geschnitten – einander axialsymmetrisch zugeordnet waren. Über den Säulen mit ihren aufwendigen Kapitellen sind Zonen mit reichem »Opus sectile«, mit Marmor-Intarsien. Im Chorraum wurden aus verschiedenfarbigen Marmorarten geometrisch-abstrakte und vegetabile Zierflächen gebildet. Die Gewölbe besaßen Mosaiken, von denen – besonders in den Seitenschiffen und Emporen – noch Partien mit teppichartigen Mustern erhalten sind. Das Resultat der Verkleidung von Wänden und Gewölben mit kostbaren, verschiedenfarbigen Materialien ist eine Verschleierung jeglicher Mauerstruktur, gleichsam eine Entmaterialisierung, die dem Höhenzug dieser Architektur und dem Eindruck eines fast schwerelosen Raumes entgegenkommt. Diese in der *Hagia Sophia* weitgehend erhaltene Innenausgestaltung ist für die gesamte byzantinische Architektur kennzeichnend und begegnet in mannigfaltiger Variation in mittel- und spätbyzantinischer Zeit.

Die *Hagia Sophia* war zweifellos das künstlerisch genialste, eindrucksvollste Bauwerk Konstantinopels zur Zeit Justinians. Die »Große Kirche«, wie die Byzantiner sie nannten, zählt auch heute noch zu den bedeutendsten Architekturschöpfungen der christlichen Kultur. Trotz aller Genialität und Originalität ist die *Hagia Sophia* ein Bauwerk, das fest in die architektonischen Tendenzen der Zeit eingebunden ist.

Unter den Bauten Konstantinopels, die sich über die türkische Eroberung hinaus bis in die Gegenwart erhalten haben, gibt es eine weitere, wenige Jahre ältere und ebenfalls von Justinian errichtete Kirche, die offenkundig Übereinstimmungen mit der *Hagia Sophia* aufweist: Noch vor seiner Regierungszeit als Kaiser ließ Justinian zwischen 527 und 532 im Bereich des Kaiserpalastes die *Sergios-und-Bacchos-Kirche* errichten. Außen erscheint diese Kirche als ein rechteckiger Baublock von ausgeglichenem Längen- und Breitenverhältnis mit überhöhtem, polygonalem Mittelteil, an den sich im Osten eine Apsis anschließt. Die am Außenbau in ihren Hauptzügen ablesbare Raumkonstellation erschließt sich genauer im Innern: In den rechteckigen Baukörper ist ein Zentralraum von größerer Höhe eingestellt, der von einem achtseitigen Klostergewölbe, einer der Kuppel verwandten Gewölbeform, überdeckt wird. Oder anders betrachtet: Ein oktogonaler Zentralraum wird im N, W und S von einem rechteckigen Umgang mit darüberliegenden Emporen umgeben. Auch bei der *Sergios-und-Bacchos-Kirche* handelt es sich um die Verschmelzung eines Zentralbaus mit einer Emporenbasilika.

Der zentrale Mittelraum der *Sergios-und-Bacchos-Kirche* zeigt das gleiche konstruktive System, das bei den Halbkuppeln der *Hagia Sophia* angewendet wurde. (Diese Übereinstimmung mag ebenso wie die Verwandtschaft der Kapitelle beider Kirchen bewirkt haben, daß die Türken die Palastkirche Justinians gemeinhin als die »Kleine Hagia Sophia« bezeichnen.) Man kann voraussetzen, daß man – entsprechend der äußeren Ummauerung – auch beim zentralen Hauptteil der Kirche von einem im Grundriß viereckigen Raum ausging. Das Problem bestand nun darin, das Grundrißquadrat in ein Polygon zu verwandeln, um ein Auflager für das »Klostergewölbe«* zu gewinnen. Zur Lösung des konstruktiven Problems bediente man sich der gleichen Methode wie wenig später bei der *Hagia Sophia*: Zwischen den zu den Außenwänden parallel verlaufenden Tripelarkaden wurden konchenartige, mit kleinen Kuppeln überwölbte Halbkreisnischen angeordnet;

die Nischenrundungen wurden zugleich mittels Säulenstellungen aufgelöst. Auf diese Weise wurde der oktogonale Unterbau für das Klostergewölbe geschaffen; die östliche Seite des Oktogons öffnet sich in voller Breite und Höhe zum Chorraum.

An drei Seiten wird der zentrale Mittelraum von dem zweigeschossigen Umgang eingefaßt, der sich, bei rechteckiger äußerer Begrenzung, zur Mitte hin den Umrißformen der zentralen Raumeinheit anpaßt. Der Umgang besitzt ein durchgehendes, unregelmäßiges Tonnengewölbe, für dessen äußere Wange die Ecken durch diagonal gestellte, an Trompen erinnernde Nischen überbrückt wurden.

Die *Sergios-und-Bacchos-Kirche* wird häufig im Zusammenhang mit *S. Vitale* in Ravenna gesehen. Bei etwa gleichzeitiger Entstehung ist in diesem Zusammenhang ein wesentlicher Unterschied zwischen beiden Bauten von Interesse: Während die *Sergios-und-Bacchos-Kirche* in ihrer Grundrißdisposition vom Rechteck ausgeht, aus dem dann eine oktogonale Form entwickelt wird, folgt *S. Vitale* a priori dem Grundrißschema eines oktogonalen Zentralbaus, bei dem im oberen Wandbereich das Achteck mit Hilfe kleiner Trompen in ein Sechzehneck als Kuppelauflager überführt wird. Handelt es sich bei der *Sergios-und-Bacchos-Kirche* um eine Synthese von Basilika und Zentralbau, so kann man *S. Vitale* als reinen Zentralbau ansprechen, der durch das Anfügen eines Chorraumes um eine Richtungstendenz bereichert wurde.

Als eine andere Vorstufe der Raumlösung der *Hagia Sophia* scheint sich eine Kirche zu erweisen, deren Substruktion und aufgehende Mauerreste vor nicht langer Zeit in Istanbul ausgegraben wurden. Die Anlage wurde als die *Polyeuktoskirche* identifiziert, die in den Zwanziger Jahren des 6. Jahrhunderts errichtet worden war. Aufgrund der festgestellten Mauerstärken läßt sich vermuten, daß die Anlage mit einer zentralen Kuppel überwölbt war. Daß es sich um einen qualitativ hochstehenden Bau gehandelt haben muß, beweist die Bauplastik, die jener der *Sergios-und-Bacchos-Kirche* am ehesten vergleichbar ist. Fragmente dieser Ausstattung waren seit langem bekannt: Die sogenannten Pilastri Acritani an der Südseite der Markuskirche in Venedig stammen aus der *Polyeuktoskirche*.

Von Justinian wird berichtet, daß er von einer Bauleidenschaft besessen war, welche die Staatskasse aufs Äußerste belastete und das Volk auf eine Geduldsprobe stellte. Daß diese reiche Bautätigkeit mehr als nur eine Machtdemonstration war, zeigt allein schon die Vielfältigkeit der erhaltenen Bauten. Auch die *Apostelkirche*, deren Geschichte wie die der *Hagia Sophia* bis in die Zeit Konstantins des Großen zurückreicht, wurde unter Justinian neu errichtet. Bis in mittelbyzantinische Zeit hinein diente sie als Grabeskirche der byzantinischen Kaiser. Sie war ein monumentaler Repräsentativbau, hatte jedoch unter dem Aspekt der Raumkomposition mit der *Hagia Sophia*, dem neben dem Kaiserpalastbezirk gelegenen Zentrum geistlicher und politischer Aktivität, kaum etwas gemeinsam.

Die *Apostelkirche* blieb nicht erhalten. Nach der Eroberung Konstantinopels durch die Türken 1453 wurde sie von Sultan Mehmed Fatih dem Patriarchen von Konstantinopel zugewiesen, der bald über den untragbaren baulichen Zustand der Kirche klagte. Nachdem das Patriarchat in das *Pammakaristoskloster* verlegt worden war, wurde die *Apostelkirche* niedergelegt und durch einen Neubau, die Sultan-Mehmed-Moschee ersetzt.

Die *Apostelkirche* Justinians übte einen so nachhaltigen Einfluß auf die Sakralarchitektur aus, daß bis ins hohe Mittelalter Repli-

Istanbul, Apostelkirche. Rekonstruktion: Wulff

ken entstanden: *S. Marco* in Venedig orientiert sich an diesem großen Vorbild ebenso wie – neben etlichen anderen französischen Kathedralen – *St-Front* in Perigeux und auch die *Sophienkathedrale* in Kiew. Die Kirchen in der Nachfolge der *Apostelkirche* sind offenbar viel zahlreicher als die sich an der *Hagia Sophia* orientierenden Bauten. Dies ist wohl dadurch bedingt, daß die *Hagia Sophia* eine Einheit von Räumen darstellt, die schon allein statisch nicht voneinander zu trennen sind; dadurch sind die Variationsmöglichkeiten der Grundrißlösung von vornherein gering. Die *Apostelkirche* hingegen wurde durch die Addition gleichartiger Raumelemente gebildet, die sich umgruppieren und verändern lassen; daß die Raumaddition der *Apostelkirche* dem westeuropäischen, dem romanischen Empfinden und Denken näher gelegen hat als die *Hagia Sophia*, leuchtet beim Betrachten romanischer Bauten ohne weiteres ein.

Justinians *Apostelkirche*, die zwischen 536 und 546 errichtet wurde, besaß einen kreuzförmigen Grundriß. An einen zentralen Kuppelraum schlossen sich nach O, S, W und N gleichartige, überkuppelte Joche an. Das dadurch entstehende Hauptschiff und das Querschiff wurden von Nebenschiffen mit darüberliegenden Emporen begleitet, die um den ganzen Bau (außer an der Ostseite) herumgeführt waren. Wie bei der *Hagia Sophia* verwendete man Pendentifkuppeln, deren Stützpfeiler wie dort im Bereich der Seitenschiffe und der Emporen lagen und so mit Durchgängen versehen waren, daß die einzelnen, die Kuppelquadrate flankierenden Seitenschiffsabschnitte nicht voneinander getrennt wurden. Die additive Raumkomposition der *Apostelkirche*, die Folge von Kuppelräumen mit ihren Säulenstellungen zu den begleitenden Nebenschiffen hin, läßt sich heute wohl am besten in *S. Marco* in Venedig nachempfinden.

Eine weitere Replik der *Apostelkirche* stellt die 565 fertiggestellte *Johanneskirche* in Ephesus dar. Dieser Bau, der ebenfalls auf Justinian zurückgeht, wurde über dem Grab des Evangelisten Johannes errichtet. Die weitgehend zerstörte Kirche wurde im Rahmen wissenschaftlicher Untersuchungen teilweise rekonstruiert. Während unsere Kenntnis der *Apostelkirche* Konstantinopels in der Hauptsache auf alten Beschreibungen basiert, ließen sich der

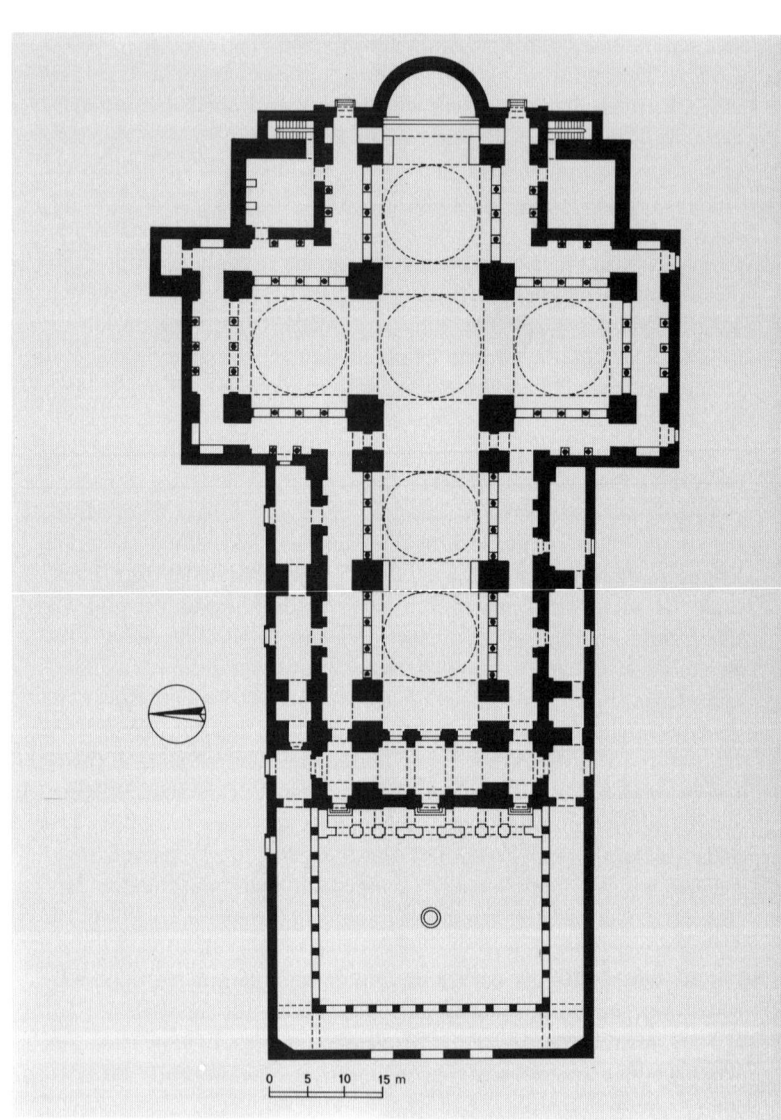

0 5 10 15 m

Ephesus, Johanneskirche

42

Grundriß und ein nicht geringer Teil der aufgehenden Konstruktion der *Johanneskirche* in Ephesus exakt bestimmen.

Die *Johanneskirche* besitzt einen kreuzförmigen Grundriß, der sich aus der Addition von insgesamt sechs Kuppelräumen ergibt. Der westliche Kreuzarm besitzt zwei, die übrigen jeweils ein Kuppeljoch. Der das Zentrum der kreuzförmigen Anlage bildende Kuppelraum erhebt sich über des Evangelisten Johannes Grab, dessen überlieferte Lage zuvor von einem kreuzförmigen Memorialbau des 5. Jahrhunderts gekennzeichnet worden war.

Grundprinzip des räumlichen Aufbaus war – wie bei der *Apostelkirche* – die Reihung gleichartiger Kuppelräume. Die Eckpunkte der Joche wurden durch mächtige Pfeiler gebildet, welche Pendentifkuppeln trugen, die durch breite Gurtbögen voneinander getrennt waren. Vermutlich waren alle Kuppeln gleichgestaltet, wenn man davon absieht, daß die des Langhauses im Gegensatz zu den übrigen einen leicht elliptischen Grundriß aufwies. Wie die Kuppeln jedoch im Detail aussahen, läßt sich heute nicht mehr sagen. Es ist möglich, daß sie Fenster besaßen; es scheint jedoch in Anbetracht der – wie sich ja zuvor bei der *Hagia Sophia* gezeigt hatte – schwierigen Konstruktion ebenso wahrscheinlich, daß man sich mit dem Licht begnügte, das die Kirche durch die Fenster der Schildwände empfing, und fensterlose Kuppeln konzipierte.

In der Längsrichtung trennen Säulenarkaden zwischen den Kuppelpfeilern das Hauptschiff von den tonnengewölbten Nebenschiffen. Diese Arkatur wiederholte sich im ebenfalls tonnengewölbten Emporengeschoß und diente dort als Auflager für den mit Fenstern durchbrochenen Obergaden. Mit dieser Gestaltung wird im Grundsätzlichen der Aufbau der Schildwände der *Hagia Sophia* wiederholt. Die Nebenschiffe und Emporen sind im Sinne eines Umgangs um die das Querschiff bildenden Kuppeljoche herumgeführt und stellen gleichsam einen Raummantel dar.

Im Gegensatz sowohl zu der *Apostelkirche* als auch zu der *Hagia Sophia* besaß die *Johanneskirche* in Ephesus aufgrund des doppeljochigen westlichen Kreuzarmes eine stärkere Richtungskomponente, die noch dadurch unterstrichen wurde, daß dem Kirchenraum im Westen außer einem Narthex auch ein von Kolonnaden umgebener Eingangshof vorgelegt war. Darin zeigt sich, daß bei allem Bemühen um zentralisierende Raumlösungen der Ausgangspunkt der gestalterischen Überlegungen nach wie vor die basilikale Anlage war.

Dem Nika-Aufstand von 532 fiel neben der theodosianischen *Hagia Sophia* auch die *Hagia Irene* zum Opfer, die von Justinian wiedererrichtet wurde. Die heutige *Hagia Irene* ist mit dem justinianischen Bau nicht mehr vollkommen identisch: 564 wurde sie durch Brand sowie 740 bei einem Erdbeben beschädigt und jeweils wiederhergestellt. Der Grundriß und mit ihm die Raumkonzeption dürften jedoch auf die Zeit Justinians zurückgehen.

Der Kirchenraum, der im W einen Narthex und ein Atrium besitzt, ist basilikal angelegt und läßt sich in drei hintereinandergeordnete Teile gliedern: in den westlichen, heute mit einer Kalotte gedeckten Teil des Schiffes, in das Kuppeljoch und das Bema, in dessen Apsis sich noch der Synthronon, die Sitzbank des Klerus, erhebt. Die Seitenschiffe werden durch Säulenarkaden vom Hauptschiff getrennt und von Tonnengewölben gedeckt. Über den Seitenschiffen liegen Emporen, die zum Mittelraum hin wohl Kolon-

Istanbul, Hagia Irene; Ansicht von Westen

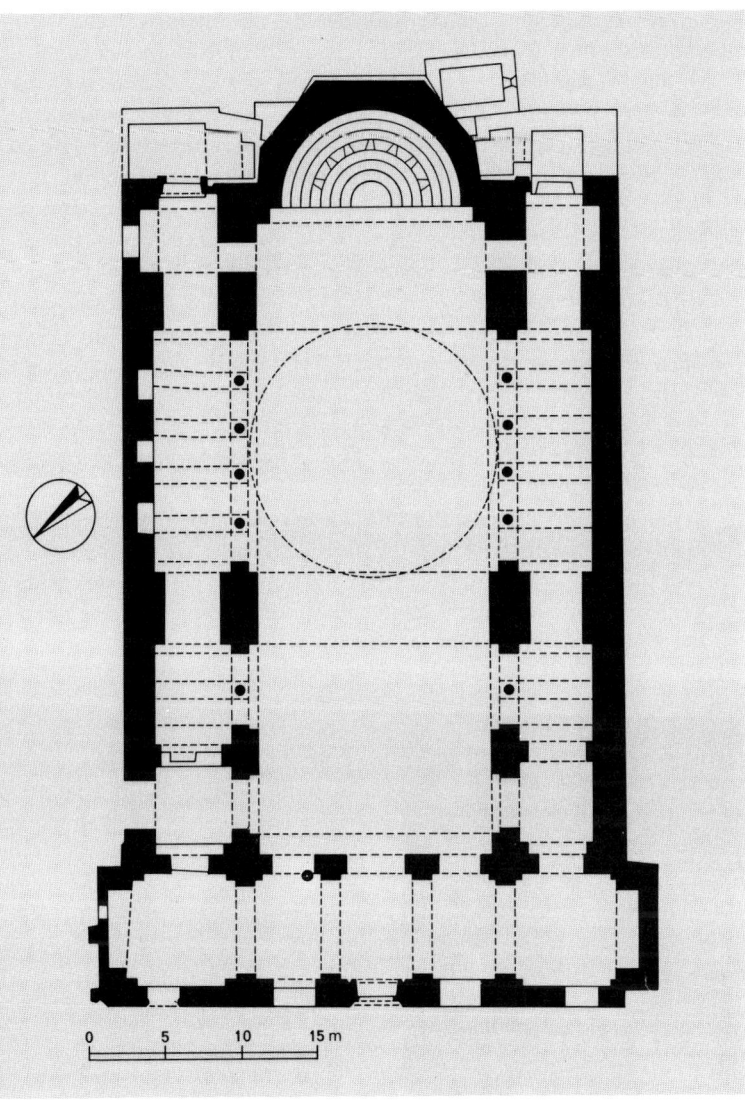

Istanbul, Hagia Irene

45

naden besaßen, die über den Arkaden des unteren Geschosses standen. Bemerkenswert ist nun, daß diese Emporen keine eigenen Gewölbe besitzen. Bei der *Hagia Sophia*, der *Apostelkirche* und der *Johanneskirche* in Ephesus wurden die seitwärtigen Schildwände der Kuppeljoche von den Arkaden zwischen dem Hauptschiff und den Seitenschiffen sowie von den Emporen getragen; bei der *Hagia Irene* hingegen sind die Schildwände weiter nach außen gerückt.

Mag die heutige *Hagia Irene* auch in manchem architektonischen Detail nicht mehr dem justinianischen Bauwerk entsprechen, so läßt sich doch sagen, daß mit ihr ein von der Basilika ausgehender Raum geschaffen wurde, der von den anderen gleichzeitigen Kirchen abweicht. Entspricht das statische Grundgerüst (die Anordnung der massiven Pfeilersubstanz im Seitenschiffsbereich) den Verhältnissen sowohl der *Hagia Sophia* als auch der *Apostelkirche*, so wurde der basilikale Aufbau (bei dem das Hauptschiff die Seitenschiffe samt Emporen überragt) im Emporengeschoß verlassen, indem man die Schildwände nach außen verlegte. Will man die *Hagia Irene* typologisch klassifizieren, so muß man ihr eine Mittelstellung zuweisen: Sie ist nicht mehr eine reine Kuppelbasilika, aber auch noch keine (durch ein Querschiff charakterisierte) Kreuzkuppelbasilika.

Istanbul,
Hagia Irene;
Apsis
mit Synthronon
und
Nordarkade
mit Empore

Die Verquickung der Basilika als des traditionellen Raumtyps des christlichen Gotteshauses mit dem Kuppelbau der Zentralanlage war auch in den byzantinischen Provinzen die Hauptaufgabe architektonischen Gestaltens. Stellt die auf Justinian zurückgehende Architektur Konstantinopels zweifellos einen frühen Höhepunkt dar, so sind die Möglichkeiten doch noch nicht ausgeschöpft.

Im mazedonischen Philippi (wir erinnern uns an die Briefe des Apostels Paulus an die Gemeinde dieser Stadt) haben sich Reste zweier Kirchen erhalten. Die *Basilika A* und die *Basilika B* markieren etwa den Zeitpunkt, als es – wie in Konstantinopel – auch im östlichen Griechenland zu Raumlösungen kam, die als frühbyzantinisch bezeichnet werden können.

Die *Basilika A*, im W mit aufwendigen Vorbauten versehen, ist eine dreischiffige Emporenbasilika mit östlichem, unmittelbar vor der Apsis liegendem Querschiff, wie es in dieser Position schon in konstantinischer Zeit gebräuchlich war. Diese stattliche, um 500 entstandene Anlage wurde bald nach ihrer Errichtung (vermutlich bei dem für 518 überlieferten Erdbeben) zerstört und nicht wieder aufgebaut.

Nachfolgebau der *Basilika A* war offenbar die wohl in den Dreißiger Jahren des 6. Jahrhunderts an anderer Stelle errichtete *Basilika B*. Die Raumzusammensetzung dieses Baues stellte gegenüber der *Basilika A* einen großen Fortschritt dar: Von einem Atrium aus betrat man durch eine Säulenvorhalle und einen Narthex die Kirche. Der Innenraum gliederte sich in ein kurzes, dreischiffiges Langhaus, das im O in ein Querschiff einmündete, an das sich eine große, halbrunde Apsis anschloß. Am Übergang vom Hauptschiff zum Querschiff befand sich ein massives Pfeilerpaar, dem an den äußeren Apsidenansätzen je ein Strebepfeiler entsprach. Sie sollten als Tragekonstruktion der Kuppel dienen; wie in der *Hagia Sophia* sollte eine Rippenkuppel errichtet werden. Dieser Versuch scheiterte offenbar; denn die Kuppel stürzte ein. Die Baustelle wurde verlassen, die Kirche blieb Bauruine.

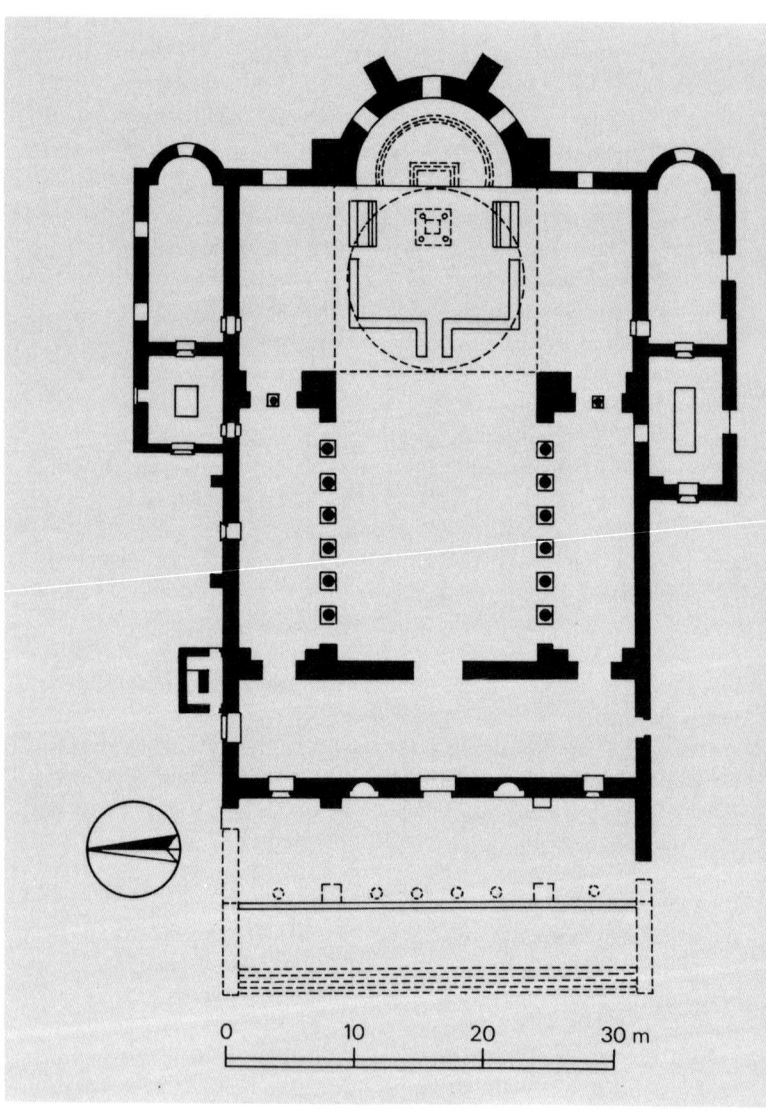

0   10   20   30 m

Philippi, Basilika B. Grundriß: nach Lemerle

48

Der räumliche Aufbau der *Basilika B* erinnert – in seiner Gliederung in einen Kuppelraum mit angefügter Apsis und einen westlichen, vermutlich mit einem Tonnengewölbe oder einem Kappengewölbe versehenen Teil – unmittelbar an die *Hagia Irene* in Konstantinopel. Die *Basilika B* in Philippi ist jedoch streng basilikal gestaltet: Die Hochwände des Hauptschiffes befanden sich über den Seitenschiffs- und Emporenarkaden, die Kuppel war einem Querschiff zugeordnet, das – ähnlich wie bei einer konstantinischen Basilika – das Langhaus von der Apsis trennte. Zwar kann man darüber im Zweifel sein, ob die in Philippi angestrebte Raumlösung – nämlich die Kombination des überkuppelten Raumteils mit einem nur wenig längeren basilikalen Schiff – bei der geringen erreichten Integration eine besonders glückliche Lösung darstellt. Bei diesem Bau wird jedoch deutlich, daß man sich an der Architektur der Hauptstadt orientierte.

Definiert man die Kreuzkuppelbasilika als Kirche, bei der ein basilikales Kirchenschiff von einem Querschiff durchschnitten und die dabei entstehende Vierung mit einer Kuppel überwölbt wird, so gehört die *Basilika B* in Philippi eigentlich noch nicht zu diesem Bautypus. Bei ihr liegt eine gegenseitige Durchdringung einer längsgerichteten und einer quergerichteten Raumeinheit noch nicht vor; denn östlich vom Querschiff wird die basilikale Raumform des Langhauses nicht wieder aufgegriffen. In der »Kuppelbasilika« von Philippi sind vielmehr ein Lang- und ein Querraum lediglich aneinandergefügt worden.

Besser als auf diese Kirche läßt sich der Terminus Kreuzkuppelbasilika auf die Kirche *Hekatompylai* auf der griechischen Insel Paros anwenden. Dieser Bau wurde in der zweiten Hälfte des 6. Jahrhunderts errichtet. Er ist der größte von ursprünglich drei unmittelbar nebeneinanderliegenden, eine Kirchenfamilie ergebenden Anlagen. Den Hauptraum der Kirche bilden kreuzförmig angeordnete, tonnengewölbte Teilräume; dabei wird das Zentrum dieses Tonnenkreuzes von einer Kuppel überwölbt. Im Gegensatz zur Kuppelbasilika in Philippi wird das Hauptschiff, das von Nebenschiffen und Emporen gesäumt ist, östlich vom Kuppeljoch als tonnengewölbter Chorraum mit anschließender Apsis wieder aufgenommen; so erfolgt eine Durchdringung längs- und querge-

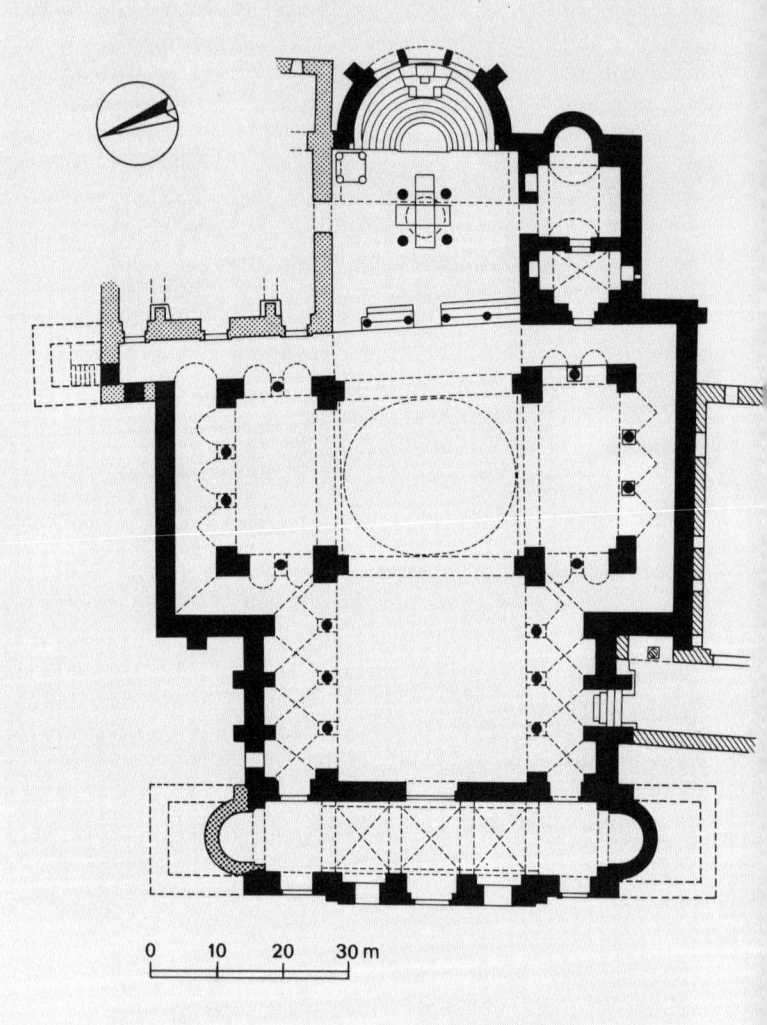

0   10   20   30 m

Paros, Hekatompylai

richteter Raumteile, und die Kuppel erhebt sich etwa über der Mitte der west-östlichen Längserstreckung der Kirche. Beim Grundriß der *Hekatompylai* scheint die *Apostelkirche* in Konstantinopel oder die *Johanneskirche* in Ephesus als Vorbild maßgebend gewesen zu sein. Zwar wurde nicht die Kombination gleichartiger Kuppelräume übernommen, aber die Verwandtschaft zeigt sich bei den Nebenschiffen und Emporen.

Auf der Insel Kreta wurde in Gortys gegen Ende des 6. Jahrhunderts die *Tituskirche* errichtet, die eine weitere formale Variante der Kreuzkuppelbasilika darstellt. Das Kirchenschiff, das Chorjoch mit Apsis und die Arme des Querschiffes bilden ein Tonnenkreuz, dessen Mitte eine Kuppel betont. Das Hauptschiff wird von Nebenschiffen mit Emporen flankiert, die beim Quer-

Gortys, Tituskirche

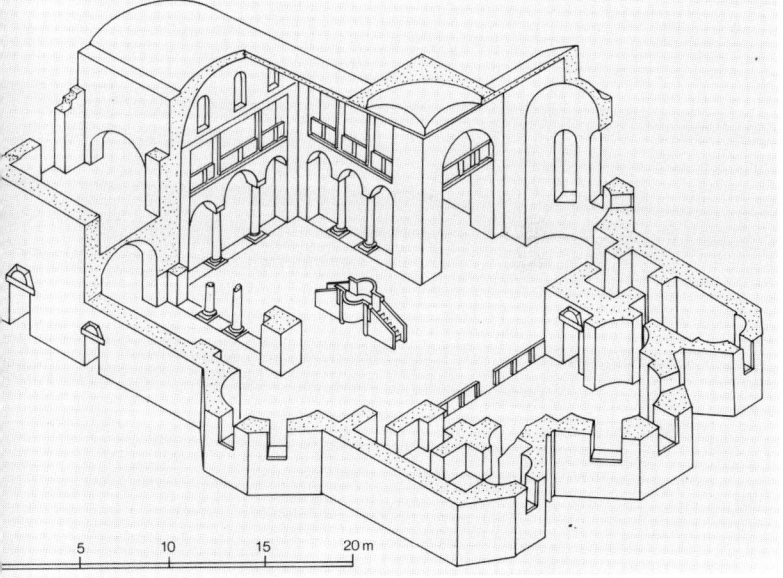

schiff enden und im Ostteil der Kirche als Pastophorien mit Vor-
räumen gleichsam eine Fortsetzung finden. Das Querschiff endet
in Konchen, die am Außenbau als polygonale Apsiden in Erscheinung treten.

Das Spektrum der Raumlösungen läßt sich durch Bauten anderer Regionen erweitern. In der nordsyrischen Festung Qasribn
Wardan wurde eine 564 datierte Palastanlage errichtet, zu der
auch eine Kirche gehörte. Die Ruine der *Palastkirche* läßt den ursprünglichen räumlichen Aufbau noch gut erkennen: Das Hauptschiff war als Kuppelraum ausgebildet, der in seiner Ost- und
seiner Westrichtung jeweils durch einen Tonnenbogen verlängert
wurde. Die Last des über Pendentifs errichteten oktogonalen Tambours und der Kuppel wurde von Wandteilen getragen – im W
von der abgewinkelten Wand zwischen Hauptschiff und Narthex,
im O von pfeilerartigen Wandteilen unmittelbar vor dem Ansatz
der eingezogenen Apsis. Die Nebenschiffe waren vom Hauptschiff
durch Dreierarkaden auf Säulen, die Emporen durch Dreierarkaden auf Pfeilern abgetrennt. Zum Narthex hin öffneten sich die
Nebenschiffe in voller Breite und waren dadurch zu einem Umgang zusammengeschlossen, der die Kirche an drei Seiten einfaßte.

Mit ihrem kurzen Schiff, das fast identisch ist mit dem Kuppeljoch, zeigt die *Palastkirche* in Qasr ibn Wardan die Merkmale
einer Kuppelbasilika in äußerst gedrängter Form, die aufgrund
ihrer Proportionierung nicht weit vom Zentralbau entfernt ist.
Palast und auch *Palastkirche* wurden wohl von einem hauptstädtischen Architekten konzipiert, wie das in Qasr ibn Wardan verwendete Baumaterial vermuten läßt: Während sonst Syriens Bauten in
der Regel aus dem lokalen Baustoff Stein errichtet worden sind,
wurden der Palast und die *Palastkirche* aus Ziegeln bei nur geringer Verwendung von Stein als Zwischenlagen aufgeführt; zudem
wurde eine Architekturplastik verwendet, die aus stilistischen
Gründen im Bereich von Konstantinopel angefertigt worden sein
muß. Diese am Bau klar ablesbaren Tatsachen lassen nur den
Schluß zu, daß sowohl das Baumaterial und die Bauplastik als auch
der Bauplan für die gesamte Palast- und Kirchenanlage aus Konstantinopel oder seinem engeren Umkreis nach Nordsyrien ge-
bracht worden sein müssen.

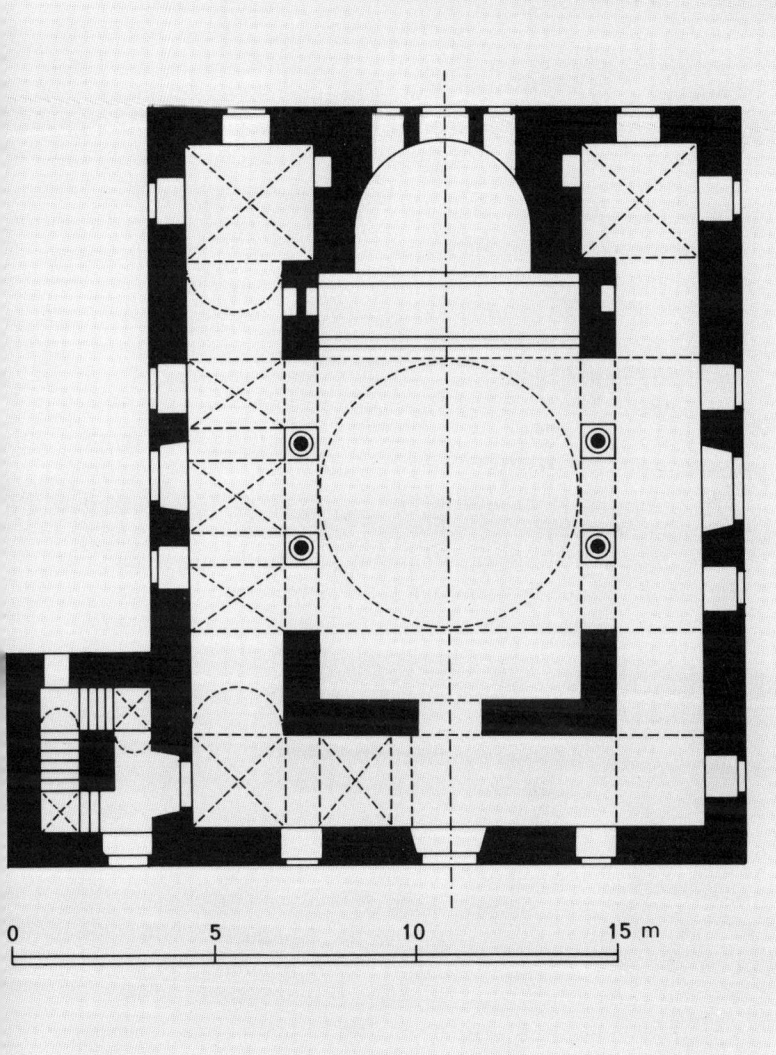

Qasr ibn Wardan, Palastkirche (Norden links)

Die Architektur des 6. Jahrhunderts steht trotz einiger überragender Bauten im Zeichen des Übergangs vom spätantik-frühchristlichen zum byzantinischen Stil. Allenthalben werden noch Basiliken gebaut, die sich von denen frühchristlicher Zeit im grundsätzlichen Raumkonzept nicht unterscheiden; daneben sind jedoch Versuche, kompliziertere und für den gottesdienstlichen Gebrauch geeignetere Kirchen zu errichten, unübersehbar und für die weitere Architekturentwicklung von Bedeutung. In der im 5. Jahrhundert entstandenen Idee, das basilikale Raumschema um das Element der Zentralisierung zu bereichern, liegt die Wurzel für ein weites Spektrum gestalterischer Möglichkeiten. Während des 6. Jahrhunderts haben sich als erstes Ergebnis dieses Bemühens die Kuppelbasilika sowie die Kreuzkuppelbasilika durchgesetzt. Die unter diesen Begriffen klassifizierbaren Bauten, von denen sicher nur ein geringer Teil erhalten blieb, zeigen eine Vielfalt individueller Gestaltungsmöglichkeiten bei gleicher Grundkonzeption.

Daß es neben basilikalen, mit Kuppeln versehenen Anlagen auch kleinere, einschiffige Kuppelbauten gab, versteht sich eigentlich von selbst und soll nur der Vollständigkeit halber angemerkt werden. Besonders die kreuzförmigen Anlagen wurden mit einer Kuppel im Zentrum versehen. Zwar mag diese Baugattung nicht ohne Einfluß auf die Gestaltung basilikaler Kuppelanlagen gewesen sein, war jedoch wohl kaum von Bedeutung bei den schwierigeren statischen Problemen, die es beim Überkuppeln eines von Nebenschiffen und Emporen flankierten Hauptschiffes zu lösen galt.

Bei der weiteren Entwicklung der Architektur im 7. und 8. Jahrhundert ist besonders eine Variante der Kreuzkuppelbasilika im Hinblick auf die mittelbyzantinischen Bauten von Bedeutung, die man als »halbbasilikal« bezeichnet hat: Kirchen dieses Raumtypus sind nur in Resten oder in später veränderter Form erhalten geblieben, so daß man sich bei einer Betrachtung dieser halbbasilikalen Anlagen mit einer recht schmalen Materialbasis begnügen muß.

Die *Hagia Sophia* in Saloniki ist kein besonders altes Beispiel des halbbasilikalen Typus. Sie entstand wohl im 8. Jahrhundert, ist jedoch in dieser Gruppe die einzige Kirche, die – wenn man von Änderungen und Restaurierungen absieht – noch einen guten Eindruck vom Originalzustand vermitteln kann. Die Kirche ist basilikal aufgebaut: Das Hauptschiff wird im S, W und N von Seitenschiffen und dem Narthex sowie den darüberliegenden Emporen eingefaßt. Das mit einer Kuppel versehene Hauptschiff besitzt jedoch nicht den herkömmlichen regelmäßigen Grundriß, sondern ist kreuzförmig angelegt. Das Kuppeljoch wird von vier Eckpfeilern markiert, zwischen denen ein westliches, das Schiff überspannendes Tonnengewölbe ansetzt und ein östliches, welches das Joch vor dem eingezogenen Bema überdeckt. In west-östlicher Richtung sind die Kuppelpfeiler ebenfalls mit kurzen Tonnengewölben untereinander verbunden, so daß insgesamt das Kuppelquadrat kreuzförmig erweitert erscheint.

Im Gegensatz zu Kuppelbasiliken wie der *Hagia Irene* und der *Hagia Sophia* in Konstantinopel oder der *Tituskirche* in Gortys auf Kreta ist das statische Gerüst, das die Kräfte des Tambours und der Kuppel aufzunehmen hat, bei der *Hagia Sophia* in Saloniki

Saloniki, Hagia Sophia, Ostseite

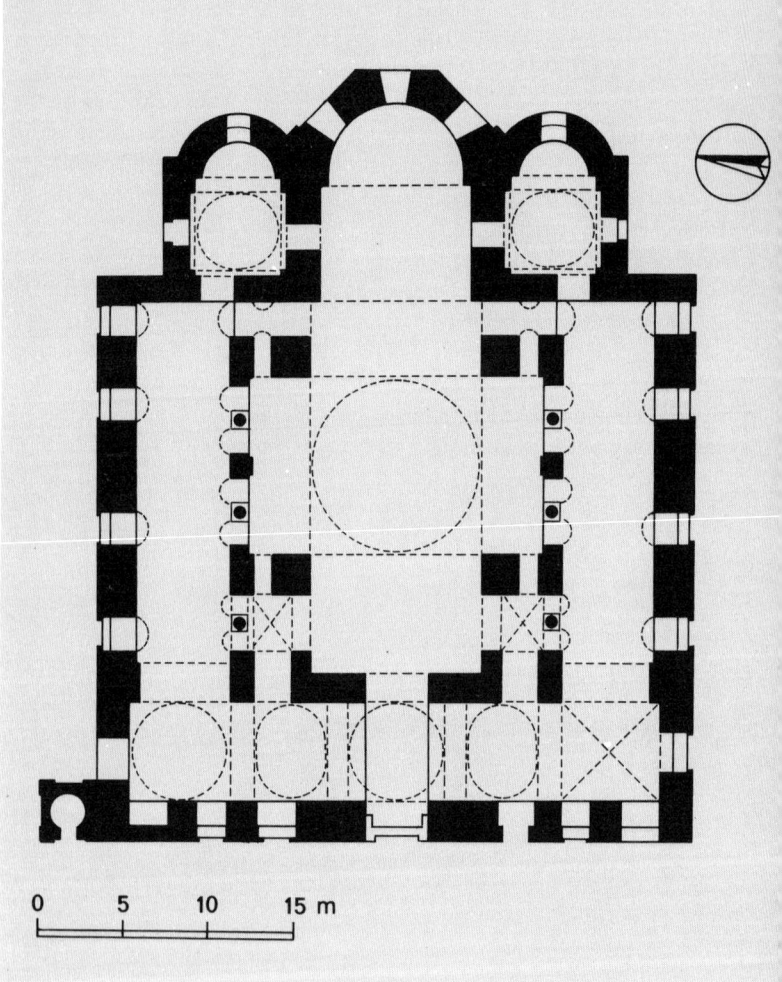

0   5   10   15 m

Saloniki, Hagia Sophia

nicht im Bereich der Seitenschiffe untergebracht, die vielmehr von der Tragekonstruktion der Kuppel völlig frei bleiben.

Die Grundrißdisposition der *Hagia Sophia* in Saloniki hat ihren Ursprung wohl in Bauten des 6. Jahrhunderts. Erinnern wir uns an die *Palastkirche* in Qasr ibn Wardan: Der Raum des Kirchenschiffes war völlig durch die Kuppel bestimmt, an die sich im W und N kurze Tonnen anschlossen, die kaum tiefer waren als Gurtbögen. Auch dort bildeten die Seitenschiffe gemeinsam mit dem Narthex eine umgangartige Einheit.

Ganz neu war die Idee, ein Kuppelquadrat mit Tonnengewölben zu umgeben, nicht. Den zwischen den Konchen liegenden Arkaden der *Sergios-und-Bacchos-Kirche* in Konstantinopel, die den Hauptraum von den umgangartig ausgebildeten Seitenschiffen trennen, sind gurtartige Tonnengewölbe vorgelegt. Geht man davon aus, daß – wie im entsprechenden Zusammenhang geschildert – die gestalterischen Überlegungen vom rechteckigen und nicht vom oktogonalen Raum bestimmt waren, klingt in der *Sergios-und-Bacchos-Kirche* bereits das an, was beim halbbasilikalen Typus zum Hauptfaktor der Raumordnung wurde.

Es wird weder eine gleichsam genealogische Verbindung zwischen der *Sergios-und-Bacchos-Kirche* und der *Hagia Sophia* in Saloniki noch eine innere Abhängigkeit zwischen den beiden Bauten behauptet; vielmehr lassen sich Gestaltungsansätze feststellen, die uns zu anderer Zeit und in anderem Zusammenhang erneut begegnen und einen Akzent erhalten, an den man früher wohl kaum gedacht hat. Bei der *Sergios-und-Bacchos-Kirche* wäre es ja ebenso möglich gewesen, mit den oben angesprochenen Arkaturen die innere Pfeilerflucht fortzuführen – vergleichbar den Lösungen, die man in Aachen oder in Ottmarsheim wählte.

Die Kirche des *Alahan Monastiri* wurde wegen ihrer Raumordnung dem Typ der Kuppelbasilika zugerechnet, obwohl ihr Tambour wahrscheinlich keine Kuppel besaß. Ähnlich verhält es sich bei dem vielleicht ältesten Vertreter des halbbasilikalen Typus, der im 6. Jahrhundert entstandenen und unter ihrem türkischen Namen *Cumanin Camii* bekannten Kirche in Antalya, die weder eine Kuppel noch überhaupt ein Gewölbe besessen hat. Die nur als Ruine erhaltene Kirche besaß ebenfalls einen kreuzförmi-

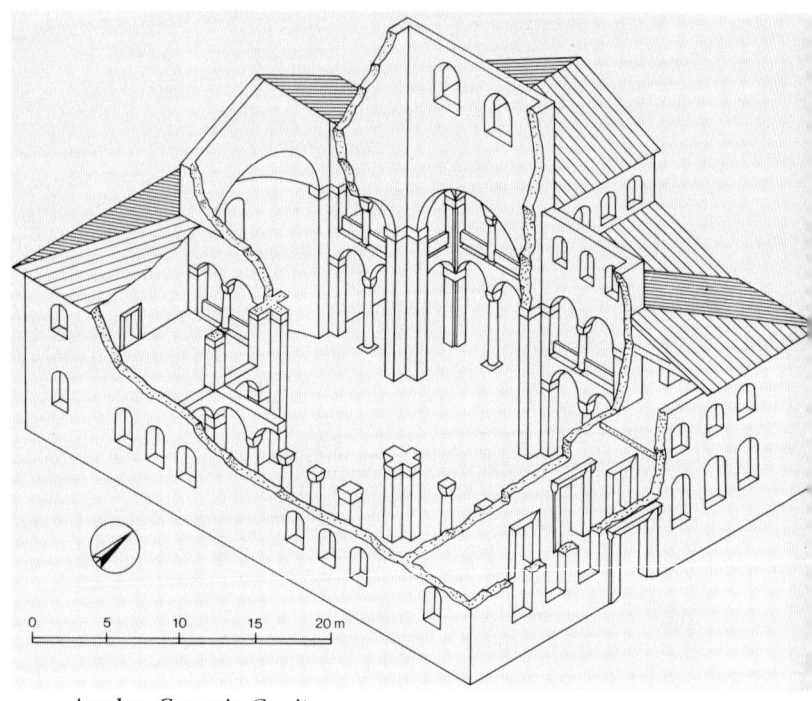

Antalya, Cumanin Camii

gen Hauptraum, der von Seitenschiffen mit Emporen ummantelt war. Wenn auch, weil Gewölbe fehlten, sicherlich die Gestaltung besonders des oberen Bereichs sowohl im Innenbau als auch im Äußeren anders als bei der *Hagia Sophia* in Saloniki war, so sind jedoch die Anordnung der Teilräume und ihr Verhältnis zueinander vergleichbar.

Hier erhebt sich, wie bei der Kuppelbasilika des *Alahan Monastiri*, wiederum die Frage, ob dieses frühe Beispiel ein Indiz dafür ist, daß der halbbasilikale Typus in Kleinasien entstanden ist. Auch im vorliegenden Fall läßt sich eine Entstehung weder in Kleinasien noch im hauptstädtischen Bereich beweisen. Für die Entwicklung der byzantinischen Architektur ist dieses Problem nicht er-

Nizäa (Iznik), Ruine der Koimesiskirche; Reste des Naos von Südwesten ▶

heblich, wenn auch seine Lösung für die Kenntnis und Einschätzung der Kulturlandschaft von Bedeutung wäre.

Die *Koimesiskirche* in Nizäa, die zu Beginn des 8. Jahrhunderts erbaut und 1922 während der griechisch-türkischen Auseinandersetzungen gesprengt wurde, zählt zu den Hauptbeispielen des halbbasilikalen Typus. Die Mauerreste der Anlage wurden vom Schutt befreit, so daß sich heute wieder ein recht guter Eindruck wenigstens des Grundrisses gewinnen läßt. Wie in der *Hagia Sophia* in Saloniki war das Schiff der Kirche kreuzförmig angelegt; die Tonnengurte, die das Kuppelquadrat kreuzförmig erweiterten, besaßen – der Pfeilerform entsprechend – etwa gleiche Abmessungen. Dadurch erinnert der Mittelraum – im Gegensatz zur Sophienkirche – an einen Zentralraum. Die Pfeiler bestimmten nicht nur die Ecken des überkuppelten Schiffsbereiches, sondern begrenzten zugleich die kurzen Tonnengewölbe. Während sich im O das Bema an den Naos anschloß, waren die übrigen Seiten von den Nebenschiffen mit den Pastophorien im O beziehungsweise dem Narthex flankiert. Die Kirche besaß keine Emporen, so daß über den Arkaturen der Nebenschiffe und in der Schildwand über dem Narthex große Fenster angebracht werden konnten.

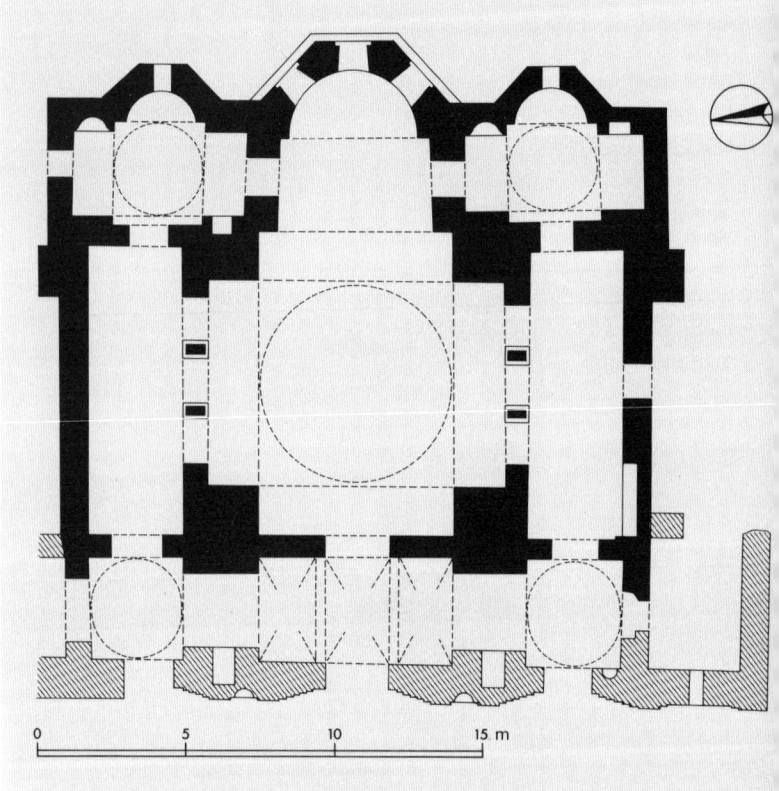

0   5   10   15 m

Nizäa (Iznik), Koimesiskirche. Grundriß: nach Peschlow

Die vom basilikalen Schema herleitbaren Kirchen des halbbasilikalen Typus stellen eine Sonderform der Kreuzkuppelbasilika dar und zeichnen sich dadurch aus, daß die enge Verknüpfung des Hauptschiffes mit den Nebenschiffen nicht mehr besteht. Durch die Kreuzform des Hauptschiffes ist die Berührung mit den Nebenschiffen geringer als bei früheren Bauten, bei denen Hauptschiff und Nebenschiffe in ganzer Länge aneinander grenzten. In der *Hagia Sophia* in Saloniki liegen in den Ecken des Kreuzes kleine Raumeinheiten, die sich zwischen Haupt- und Nebenschiff schieben; bei der *Koimesiskirche* in Nizäa sind es massive Pfeiler, welche die bei der einfachen Basilika charakteristische Raumdurchlässigkeit zwischen dem Hauptschiff und den flankierenden Nebenschiffen aufheben.

Auch unter dem Gesichtspunkt der Baustatik ergibt sich ein ganz ähnliches Bild. Sind sowohl bei der *Hagia Sophia*, der *Apostelkirche* und der *Hagia Irene* in Konstantinopel die Seitenschiffe notwendig, um das für die Kuppelkonstruktion erforderliche Tragegerüst aufzunehmen, so werden die Stützkonstruktionen bei den Kirchen des halbbasilikalen Typus gleichsam in den Hauptraum einbezogen und bewirken seine Kreuzform. Die Nebenschiffe werden dadurch zum Umgang, zu einem umgebenden Raummantel umfunktioniert, der – rein theoretisch betrachtet – ohne Schaden für die Konstruktion des kreuzförmigen Zentralraums entfernt werden könnte.

In Anbetracht der sich im Raumgefüge äußernden Dominanz des Hauptraumes über die Seitenschiffe kann man den halbbasilikalen Typus der Kuppelkirche als einen Wegbereiter für die Grundriß- und Raumform der mittelbyzantinischen Kreuzkuppelkirche bezeichnen, bei der das basilikale Schema (von dem die gestalterischen Überlegungen seit frühchristlicher Zeit ausgingen) bis auf rudimentäre Reste zurückgedrängt wurde. Die gestalterische Nähe zwischen dem halbbasilikalen Typus und der Kreuzkuppelkirche bestätigt sich auch darin, daß in Konstantinopel im 11. und 12. Jahrhundert die *Gül Camii* und die *Kalenderhane Camii* die »altertümliche«, halbbasilikale Grundrißform teilweise wiederaufnahmen; beide Bauten wurden übrigens lange wegen ihrer Grund- und Aufrisse in das 8. oder 9. Jahrhundert datiert.

DIE ARCHITEKTUR ARMENIENS

Die Architektur Armeniens steht etwas abseits der allgemeinen byzantinischen Entwicklung, gehört jedoch als Baukunst eines christlichen Randgebietes in den byzantinischen Gesamtzusammenhang. Armenien – das nach heutigen geographischen Verhältnissen die Armenische Sozialistische Sowjetrepublik, die östliche Türkei und das nordwestliche Persien umfaßt – war als römische Provinz ein Grenzpuffer zwischen dem Imperium Romanum und dem sassanidischen Nachbarn; hier trafen die verschiedenartigsten kulturellen Einflüsse zusammen. Der Christianisierungsprozeß begann bereits in der zweiten Hälfte des 3. Jahrhunderts; 301 wurde das Christentum unter König Gregor dem Erleuchter offizielle Staatsreligion, früher also als im Römischen Reich. Kriegerische Auseinandersetzungen zwischen Ostrom und den Persern endeten 428 in einem Vertrag, der Armenien in einen römischen und in einen persischen Teil spaltete. Das in seiner Selbständigkeit bedrohte Armenien besaß schon allein wegen seiner christlichen Religion relativ enge Beziehungen zum Byzantinischen Reich und war auch für kurze Zeit eine byzantinische Provinz. Im 11. Jahrhundert wurde Armenien von den Seldschuken erobert; daraufhin wanderte ein Großteil der Bevölkerung nach Kilikien aus und gründete dort ein neues Königreich. Das alte Stammland blieb jedoch weiterhin überwiegend christlich – bis zum heutigen Tage.

Im Zusammenhang mit der byzantinischen Architektur ist besonders der armenische Kirchenbau der ersten christlichen Jahrhunderte von Bedeutung. Die formalen Ausprägungen gehen mit denen Kleinasiens, Syriens und Palästinas weitgehend überein; die entwicklungsgeschichtlichen Voraussetzungen findet man in frühchristlich-westlichen sowie in provinziellen östlichen Bautraditionen. Armeniens Bauten wurden durchweg in der Technik des Zweischalen-Mauerwerks errichtet: Zwischen die innere und die äußere

Mauerschale aus sorgfältig gehauenen Steinquadern wurde der aus Bruchstein und Mörtel bestehende Mauerkern gegossen. Die Bögen, Gewölbe und Kuppeln wurden aus Werksteinen zusammengefügt. Nicht zuletzt dieser soliden Konstruktionsweise, die ebenso in Syrien und Kleinasien angewendet wurde, ist es zu verdanken, daß eine große Zahl von Bauwerken bis heute Erdbeben, Kriege und Steinraub überdauerte; diese Anlagen besitzen noch so viel originale Bausubstanz, daß sich ein Bild von dem Aussehen und der Raumentwicklung armenischer Kirchen gewinnen läßt.

Man kann die armenische Baukunst trotz formaler Eigentümlichkeiten nicht aus dem spätantik-frühchristlichen Zusammenhang lösen. Ihre Grundproblematik entspricht der byzantinischen insofern, als auch bei der armenischen Kirchenarchitektur der Kuppelraum in seinen verschiedenen Erscheinungsmöglichkeiten im Zentrum des gestalterischen Bemühens steht. Ob zwischen den Kuppelbauten Armeniens und den Kuppellösungen des westlichen byzantinischen Reiches ein unmittelbarer Zusammenhang besteht, ist eine bisher noch nicht schlüssig beantwortete Frage. Während die einen Forscher das Armenische als eine Folge byzantinischer Beeinflussung sehen, meinen andere, die den Ursprung des Kuppelbaus überhaupt dem östlichen, orientalischen Bereich zuordnen, daß Armenien das Mutterland der Kuppelkirche sei. Einen westlichen oder östlichen zeitlichen Vorrang des Kuppelbaues kann man aus dem sicher datierbaren Denkmälerbestand nicht ableiten. Diese Überlegung ist von untergeordneter Bedeutung und im Grundtenor wenig historisch; denn sie läßt das historische und künstlerische Gesamtbild zugunsten der Genealogie einer Einzelform in den Hintergrund treten.

Die Frühzeit der armenischen Kirchenarchitektur ist charakterisiert durch einschiffige und einfache basilikale Anlagen, deren älteste Beispiele in das 4. und 5. Jahrhundert zurückreichen; sie weisen – wie die gleichzeitigen Bauten der übrigen christlichen Welt – noch keine Kuppeln auf.

Die *Basilika von Ererouk*, an der Grenze zur Türkei gelegen, wurde im 5. oder 6. Jahrhundert errichtet. Obwohl relativ viele armenische Bauten durch Inschriften oder Quellen datierbar sind, ist für diese Kirche kein Datum überliefert. Der Kirchenraum wird

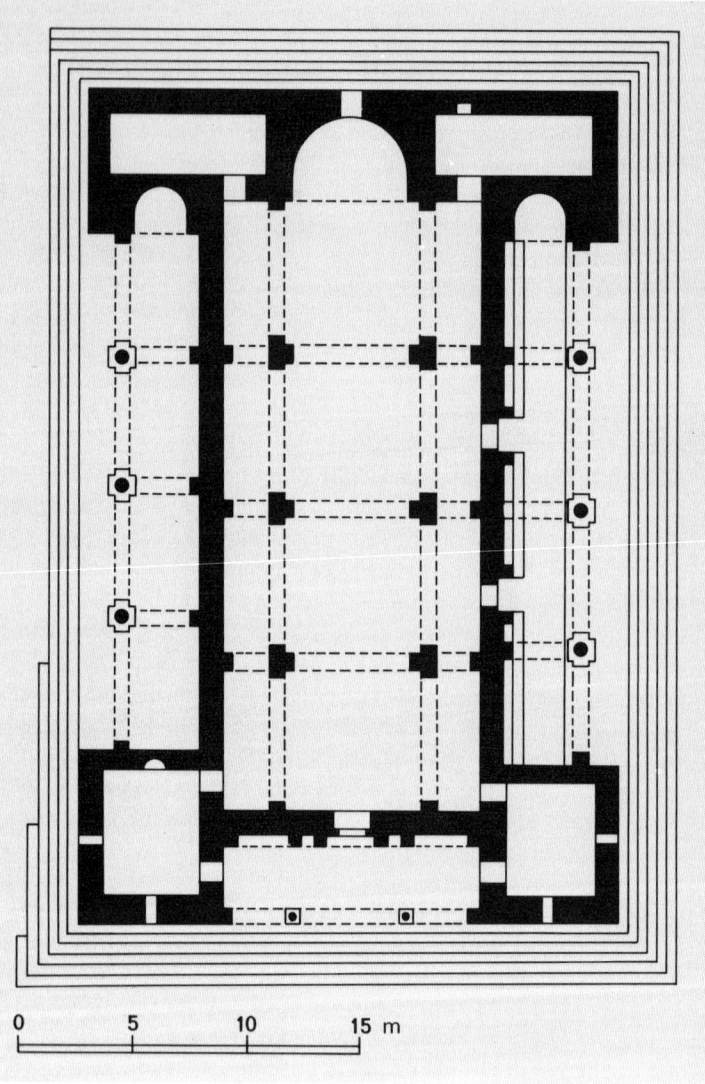

0   5   10   15 m

Ererouk, Basilika (Norden links)

durch drei Pfeilerpaare basilikal unterteilt; das Hauptschiff endet in einer halbrunden Apsis, die im Außenbau nicht ablesbar ist, da sie mit zwei flankierenden, von den Seitenschiffen her zugänglichen Nebenräumen, der Prothesis und dem Diakonikon, eine gemeinsame Ostwand besitzt. Die Kirche ist nur in ihren Außenmauern erhalten, so daß die Form ihrer Gewölbe nicht bekannt ist; man wird jedoch annehmen können, daß es sich um Tonnengewölbe handelte, die – wie aus der Pfeilerform zu erschließen ist – in der Höhe der Pfeiler jeweils mit Gurtbögen unterteilt waren.

Der Westteil der Kirche erinnert an syrische Bauten: Eine sich in einer dreifachen Bogenstellung öffnende Vorhalle, welche die Breite des Kirchenraumes besitzt, wird von zwei Türmen flankiert. Diese Turmkonstruktionen, die anscheinend auf die frühchristliche Zeit beschränkt sind, wurden vermutlich aus fortifikatorischen Gründen angelegt. Bei etlichen Kirchen sind Überreste von Ummauerungen erhalten, die ebenfalls dafür sprechen, daß man sich in Zeiten der kriegerischen Bedrohung zum Schutz in die Türme zurückziehen konnte. Die Türme und Pastophorien greifen weit über die Längswände der Kirche hinaus. Zwischen ihnen ist im N und S jeweils eine Vorhalle mit östlicher Apsis eingebunden, von der südlichen führen zwei Eingänge in die Kirche. Der ganze Kirchenkomplex erhebt sich auf einem gestuften Sockel.

Am Außenbau ist die *Basilika von Ererouk* durch rechteckige Wandvorlagen zwischen den Fenstern der Längsseiten und unterhalb des westlichen Tripelfensters gegliedert. Über diesen Vorlagen verläuft ein Zierfries, der einerseits die Wandvorlagen begrenzt, andererseits den Ansatz der Nebenschiffsdächer optisch vorbereitet. Die Fensteröffnungen werden von einem ornamentierten Band umrahmt; statt sich jedoch unterhalb der Fensterbank zu schließen, bricht die Blende in leichter Kurvatur nach außen um.

Die *Basilika von Ererouk* gehört einer Entwicklungsstufe an, die den gleichzeitigen Bauten der alten römischen Ostprovinzen noch sehr ähnelt und die Eigenheiten, welche die nachfolgenden Kirchen Armeniens auszeichnen, erst in Ansätzen erkennen läßt.

Im Zusammenhang mit den frühesten längsgerichteten Kuppelbauten wird ein Grundrißtyp entwickelt, der charakteristisch für armenische Bauten ist. Als Beispiele seien genannt: *Ss. Peter und*

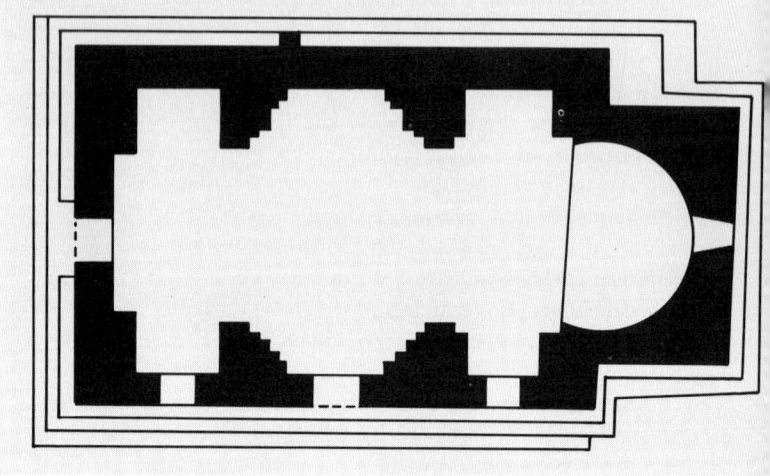

Zovouni, Ss. Peter und Paul

Paul in Zovouni aus dem 5. und – in ihrer endgültigen Form – 6. Jahrhundert; die *Kirche in Ptghni* aus dem 6. und 7. Jahrhundert; die *Kirche in Thalich* aus dem 7. Jahrhundert. Ausgangspunkt für die Grundrißlösung ist wohl die basikale Anlage mit einem Mittelschiff und begleitenden Seitenschiffen. Etwa über der Mitte der Längserstreckung des Innenraums wurde eine Kuppel konzipiert, deren Unterkonstruktion aus Pfeilern besteht, die so in den Raum des Seitenschiffes eingebaut wurden, daß sie diese Seitenschiffe in je drei voneinander getrennte Abschnitte unterteilen. Dadurch verlieren die Seitenschiffe ihren Raumcharakter innerhalb des Gesamtgefüges und werden gleichsam zu Nebenkompartimenten des Hauptschiffes, die folgerichtig mit nord-südlich verlaufenden kurzen Tonnengewölben überdeckt wurden. Die Raumordnung hat einen neuen Sinn bekommen: Das Kirchenschiff besteht aus einem zentralen Kuppeljoch, an das sich ein westliches

tonnengewölbtes Joch und ein östliches mit Mittelapsis anschließen. Jedes der drei Joche weist nach Norden und Süden Raumerweiterungen mit senkrecht zur Kirchenrichtung angeordneten
Tonnengewölben auf, wobei lediglich die an das Kuppelquadrat
anschließenden Gewölbe die Höhe des Hauptschiffes erreichen.
Dies hat zur Folge, daß die räumliche Erweiterung des Kuppel-
joches kreuzförmig wirkt und auch am Außenbau als Kreuzform
ablesbar ist. Bei dem ältesten hier genannten Beispiel, der Kirche
SS. Peter und Paul in Zovouni, die wohl erst während des 6. Jahrhunderts zur Kuppelkirche ausgebaut wurde, findet sich noch
keine Kreuzform.

Während die *Kirche in Ptghni* noch eine Kuppel besitzt, bei welcher der Übergang vom Rechteck des Grundrisses zum Rund der
Kuppel durch Trompen erreicht wurde, nehmen bei der *Kirche
von Thalich* Pendentifs diese Aufgabe wahr. Darin kann man einen
Einfluß der hauptstädtischen Architektur vermuten, denn Pendentifs sind in dieser Form nach gegenwärtiger Kenntnis wohl erstmals bei der *Hagia Sophia* in Konstantinopel errichtet worden. Im
Gegensatz zu den Bauten im westlichen Byzanz, wo die Trompe

Ptghni, Kirche

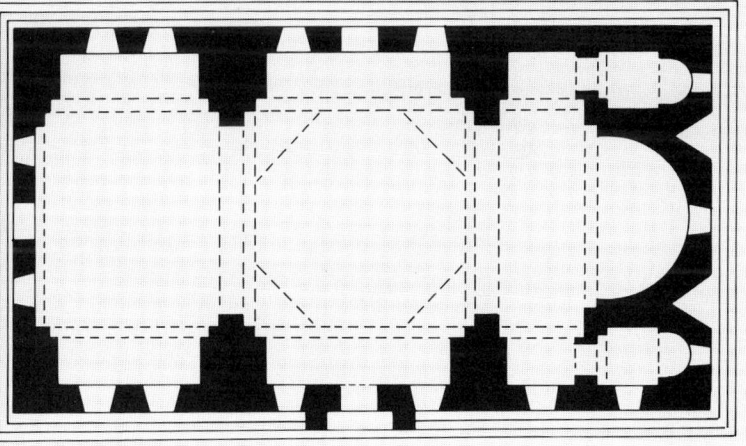

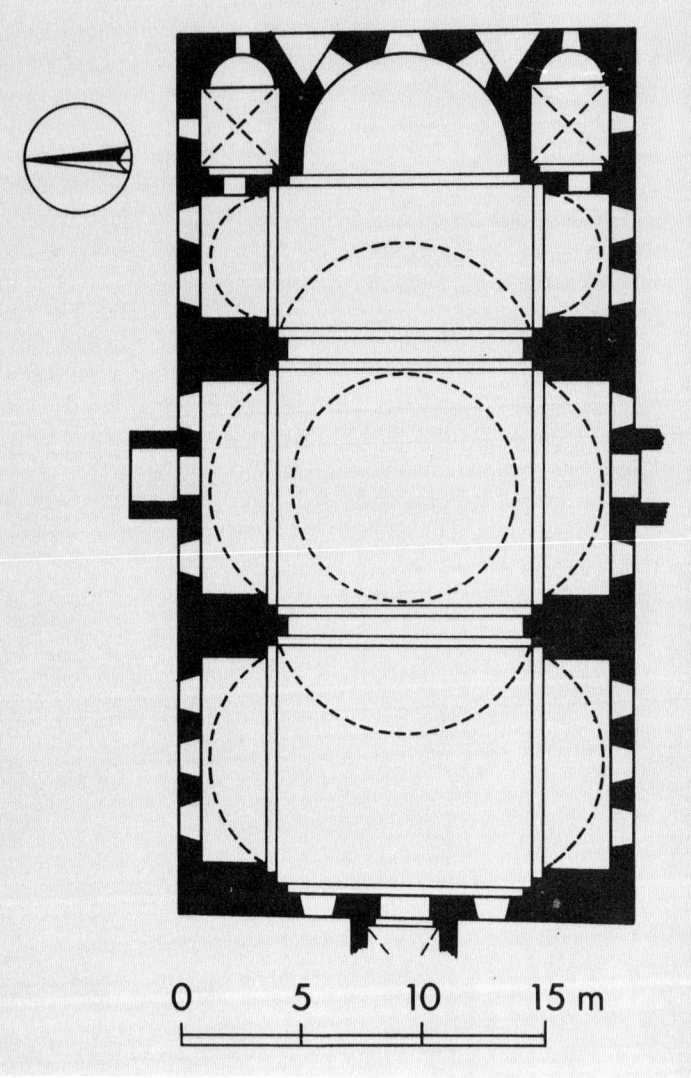

Thalich, Kirche

durch Pendentifkonstruktionen fast völlig verdrängt wurde, behielt die Trompenkuppel im armenischen Gebiet auch in der weiteren Entwicklung der sakralen Architektur ihre dominierende Stellung.

Das Äußere der Kirchen in *Ptghni* und in *Thalich* stimmt fast völlig überein: Die Mauern sind ungegliedert; die Fenster werden von erhabenen, profilierten Blendbögen überfangen, die am Ansatz nach außen gebogen sind; den Wandabschluß unterhalb des Dachansatzes bilden profilierte Gesimse. Der Grundrißtyp dieser Kirchen mit seiner charakteristischen Erweiterung der Schiffsjoche nach N und S ist nicht auf die frühharmenische Architektur beschränkt. Er begegnet uns auch später etwa in der *Kirche von Tschirakavan* (in der Provinz Kars) aus dem 9. und 10. Jahrhundert, in der *Kathedrale von Marmarchen* (bei Leninakan) aus

Vagharshapat, S. Gayane

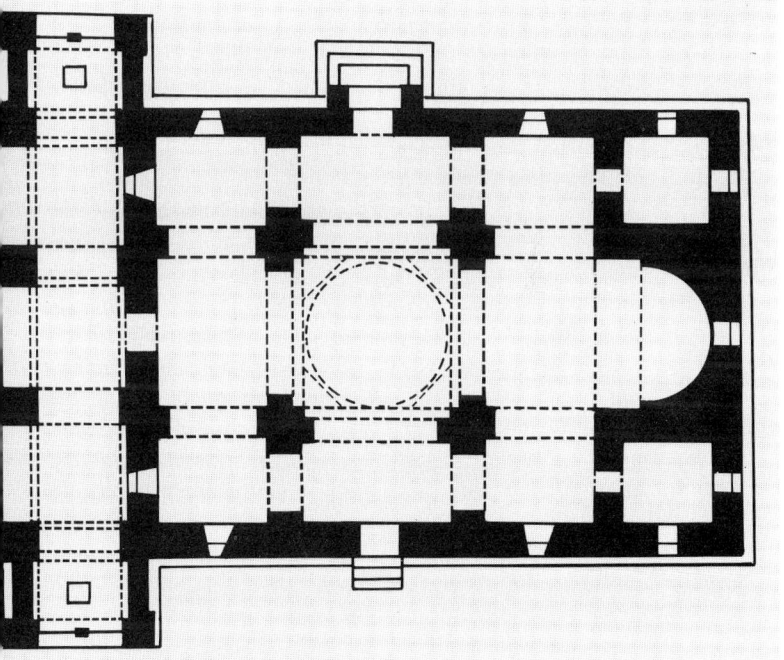

dem 10. und 11. Jahrhundert oder in der Kirche *S. Gregor*, die am Rand von Ani liegt, aus dem 13. Jahrhundert.

Neben diesem Typ der Kuppelbasilika wurden jedoch auch »konventionelle« Kreuzkuppelbasiliken errichtet, die weniger spezifisch armenische Eigenarten besitzen. Ihr Aufbau stimmt vielmehr in seinen Grundzügen mit dem früher beschriebenen westlicher byzantinischer Kirchen überein. Die Kirche *S. Gayane* in Vagharshapat aus dem 7. Jahrhundert gehört zu den frühesten Beispielen dieser Grundrißform. Die Raumaufteilung des Inneren ist durch nur vier Stützen erreicht, die zugleich den Tambour und die Kuppel tragen. Die Zäsur zwischen dem Kirchenschiff und dem von Pastophorien flankierten Chor ist außen klar ablesbar, da die Ostpartie sich durch eine niedrigere Firsthöhe von dem Hauptschiff und den Nebenschiffen absetzt. In der *Kathedrale von Talinn*, die ebenfalls im 7. Jahrhundert errichtet wurde, ist der Chorteil hingegen vollkommen in den Baukörper integriert. Beide Lösungen, das optische Absetzen des Ostteils einerseits und seine Einbeziehung andererseits sind im Bauzusammenhang dieser Kirchen konsequent: Während bei der Kirche *S. Gayane* in Vagharshapat sich die Kuppel über der Mitte des Hauptschiffes erhebt, markiert die Kuppel der als Dreikonchenanlage konzipierten *Kathedrale in Talinn* die Mitte des gesamten Baukörpers.

Die zwischen 989 und 1001 errichtete *Kathedrale in Ani* wiederholt den Grundriß der älteren Kirchen. Die Raumlösung hat sich nicht grundsätzlich geändert, das Modernere dieses Bauwerks äußert sich in der Proportionierung, der Kompliziertheit der Pfeilerform sowie in der ornamentalen Behandlung der Mauerflächen des Innen- und Außenbaus.

Bezeichnend für die Kuppelbasiliken und Kreuzkuppelbasiliken der armenischen Architektur ist die geringe Länge. Eine Arkadenreihung zwischen Hauptschiff und Nebenschiffen gibt es nicht; man begnügte sich mit je zwei Stützen, die zugleich die Ecken der Vierung von Hauptschiff und Querschiff markieren sowie den Tambour mit Kuppel tragen. Damit ist die basilikale Form auf die kürzestmögliche Längserstreckung reduziert; eine durch langgestreckte Räume charakterisierte »Weg«-Architektur kommt nicht vor. Bei der Konzeption scheint man stets vom überkuppelten Zen-

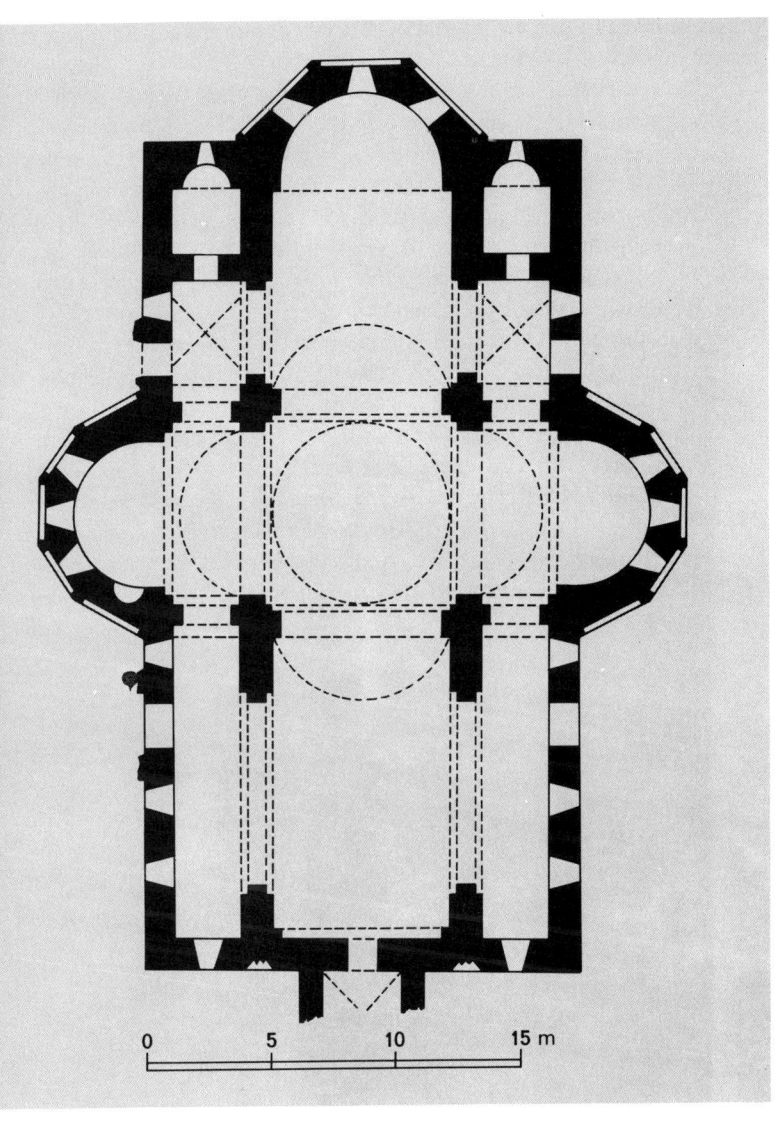

Talinn, Kathedrale (Norden links)

tralraum ausgegangen zu sein, den man durch andere Raumeinheiten basilikal erweiterte.

Der Zentralbau ist die Lieblingsform der armenischen Architektur und zudem der Bautypus, für den eine fast unübersehbare Fülle von Grundrißvarianten entwickelt wurde. Die Vielfalt dieser relativ kleinen Kuppelbauten sowie der noch heute zahlenmäßig beachtliche Bestand an alten Anlagen hat in der Zeit ihrer ersten Erforschungen zu der Theorie geführt, daß die byzantinische Kuppelkirche auf armenische Anregungen zurückginge, daß in Armenien orientalische Grundformen des Kuppelbaues weiterentwickelt und nach Westen vermittelt worden wären. Diese Entwicklungstheorie stieß freilich schon bei ihrer Veröffentlichung auf heftigen Widerspruch. Historische und damit auch architekturhistorische Entwicklung ist sicher ein Prozeß, der nicht durch Beeinflussen und Beeinflußtwerden bestimmt ist, sondern von dem Austausch der Möglichkeiten lebt. So besteht kein Anlaß, die armenische Architektur aus dem Gesamtzusammenhang der östlichen christlichen Baukunst zu lösen, zumal Byzanz und Armenien gleichermaßen auf spätantikem Erbe aufbauten. Daß in Armenien ei-

Ani, Kathedrale; Ansicht von Südosten

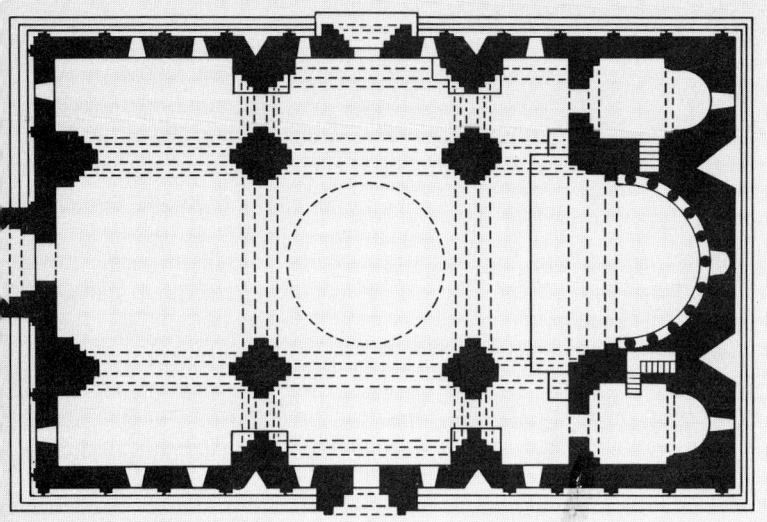

Ani, Kathedrale

nige Raumlösungen und Formen entwickelt wurden, die andern-
orts nicht anzutreffen sind, ist kaum mehr als ein Charakteristikum
einer Kulturlandschaft, die kulturgeographisch, politisch und kirch-
lich eine Sonderstellung einnahm.

Die verschiedenen Variationstypen des armenischen Zentralbaus, die jeweils einem gemeinsamen Grundprinzip folgen, im Detail jedoch voneinander abweichen, lassen sich nicht in ein starres
zeitliches Entwicklungsschema pressen. Zwar besitzen die jüngeren Anlagen zumeist einen komplizierteren räumlichen Aufbau als
die älteren; es ist jedoch charakteristisch, daß Bauten gleicher
Raumkonstellation in verschiedenen Jahrhunderten entstanden sein
können, ohne allzu große Detailabweichungen aufzuweisen.

Als eine Grundform des Zentralbaues kann man den gleich-
schenklig kreuzförmigen Grundriß bezeichnen. Bei diesen Kirchen
wird eine quadratische, mit einer Kuppel versehene Raumeinheit
durch halbkreisförmige Nischen (Konchen) oder kurze rechteckige
Kreuzarme erweitert. Dieser Kirchentyp ist in allen christlichen

Ländern anzutreffen, so daß man diese Grundrißlösung nicht als spezifisch armenisch ansprechen kann. Die Anordnung der Raumteile und ihr Verhältnis zueinander lassen sich am Außenbau ablesen: Der rechteckige, zentrale Baukörper wird im oberen Bereich mit Trompen in einen oktogonalen Tambour übergeleitet, in dem sich die Kuppel befindet, die durch ein Zeltdach vor der Witterung geschützt ist. Unterhalb der oktogonalen Zone des Zentralraumes sind die Raumteile, welche die Kreuzarme des Grundrisses einnehmen, an den Kuppelraum angefügt. Gleichsam eine Richtungsbetonung können solche Bauten dadurch erfahren, daß der westliche Kreuzarm etwas länger als die übrigen oder die Apsis (abweichend von den anderen Raumerweiterungen) als Konche ausgebildet ist.

Charakteristisch für die Gestaltung des zentralen, mit einer Trompenkuppel versehenen Raumteiles ist, daß der mit Fenstern

Ani,
S. Gregor
von
Aboughamrents

Ani,
Salvator-
kirche

durchbrochene Tambour oktogonal oder (besonders bei jüngeren
Bauten) polygonal ausgebildet ist. Rechteckige Tamboure kommen – wie etwa bei der *Sergioskirche* in Tekor aus dem 6. und
7. Jahrhundert – nur ausnahmsweise vor.

Die *Kirche in Mankanots* aus dem 7. Jahrhundert besitzt im Innern vier Konchen, die den quadratischen Zentralraum erweitern;
sie treten im Außenbau – rechteckig ummantelt – als kurze
Kreuzarme in Erscheinung. Die *Marienkirche* in Kamsarakan aus
dem 7. Jahrhundert ist eine Dreikonchenanlage; nur der westliche,
mit einem Eingang versehene Kreuzarm besitzt einen rechteckigen
Innengrundriß – im Außenbau erscheinen alle vier Kreuzarme als
rechteckige Bauteile. Bei der kleinen *Kreuzkirche in Achtarak*, die
ebenfalls im 7. Jahrhundert entstand, gibt es nur eine als Apsis die-
nende Konche an der Ostseite; auch hier haben alle Kreuzarme

außen die gleiche rechteckige Gestalt. Die rechteckige Ummantelung der im Innenraum halbrunden Raumerweiterungen ist zwar besonders in der frühharmenischen Architektur anzutreffen, jedoch nicht obligatorisch: Die Dreikonchenanlage *S. Anania* in Alaman und die im Grundriß (wenn man von den östlichen Pastophorien absieht) vierpaßförmige Anlage der *Kirche in Agrak*, die beide aus dem 7. Jahrhundert stammen, besitzen im Innern halbrunde, im Außenbau polygonale Apsiden.

Eine ähnlich zentralbetonte Raumkomposition weist eine andere zeitgleiche Kirchengruppe auf: Die *Johanneskirche* in Mastara aus dem 6. und 7. Jahrhundert besteht aus einem quadratischen Zentralraum mit Trompenkuppel, der durch halbrunde, am Außenbau polygonal in Erscheinung tretende Konchen erweitert ist. Die östliche Apsis wird von niedrigen Pastophorien flankiert; die Stirnseite des äußeren Polygons bildet im unteren Bereich mit den Ostwänden von Prothesis und Diakonikon eine einheitliche Mauerfläche. Der achtseitige Tambour dieser Kirche weist eine Besonderheit auf: Seine Polygonflächen werden durch winkelförmige Einziehungen der Mauer gegeneinander abgesetzt.

Der grundlegende Unterschied zwischen der *Johanneskirche* und den zuvor behandelten kreuzförmigen Anlagen besteht in folgendem: Bei den Kreuzkirchen werden die Wände des zentralen Kuppelquadrates von den Konchen fast in ihrer gesamten Breite durchbrochen, so daß zwischen den kreuzförmigen Raumerweiterungen im unteren Mauerbereich lediglich schmale Wandstreifen des zentralen Kubus stehen bleiben, während hingegen bei der *Johanneskirche* in Mastara (wie bei der *Sergioskirche* in Artik und der *Kirche in Voskepar*, die beide im 7. Jahrhundert entstanden, oder auch noch bei der im 10 und 11. Jahrhundert errichteten *Kumbeli Kilise* bei Kars) die Konchenerweiterungen nur einen Teil der Wände des Zentralraumes einnehmen. Dadurch ordnen sich die Konchen den Wänden und damit der kubischen Gestalt des Zentralraumes unter und lassen ihn so in seiner unteren Zone deutlicher in Erscheinung treten, als dies bei den Kreuzkirchen der Fall ist.

Neben den aus einem Kubus entwickelten Zentralanlagen gibt es Bauten, denen ein polygonaler Raumkörper zugrundegelegt ist.

Bei der *Kirche in Zoravar*, die im 7. Jahrhundert errichtet wurde, sind die Wände des achtseitigen, zentralen Kuppelraums unten durch einen Kranz von acht Konchen aufgelöst, so daß das Oktogon von einer dichten Folge von Nischen umgeben wird, die mit Ausnahme der Apsis gleichdimensioniert sind. Die Konchen sind im unteren Bereich jeweils als Polygone mit sogenanntem $^3/_8$-Schluß gestaltet.

Der durch Nischenreihung gekennzeichnete Zentralbautypus, der ebenso von einem zylindrischen zentralen Kuppelraum aus aufgebaut sein kann, ist ebenfalls nicht auf frühharmenische Architektur beschränkt. Die Kirche *S. Gregor von Aboughamrents* in Ani aus dem 10. Jahrhundert ist im Prinzip der Kirche in Zoravar gleichgestaltet. Der zylindrische Kuppelraum wird hier durch einen Kranz von sechs Konchen erweitert, die von Säulen flankiert werden und im unteren Teil des Außenbaus polygonal, in der Zone ihrer Halbkuppeln als Sechzehneck in Erscheinung treten. Die eingezogenen Mauerwinkel zwischen den Konchen besitzen Rundbögen, die – wie bei den Fenstern – durch ein umlaufendes Profil nachgezeichnet werden.

Auch die 1036 datierte *Salvatorkirche* in Ani basiert auf dem gleichen räumlichen Gestaltungsprinzip: Der runde Zentralraum wird durch einen Kranz von acht Konchen umgeben, die jedoch im Außenbau nicht sichtbar werden. Sie sind gleichsam aus der Mauersubstanz eines zweiten Zylinders ausgespart, so daß – von außen betrachtet – der Eindruck entsteht, als wachse der kleinere Zylinder des Tambours aus dem etwas größeren des Unterbaus heraus.

Ein spätes, im 11. oder 12. Jahrhundert entstandenes Beispiel bietet die *Klosterkirche von Varzahan*: Die Anlage ist wie ein runder Zentralbau mit Umgang konzipiert. Den Kuppelraum erweitern trapezoide Kompartimente (abgesehen von der Apsis), die durch Bogenöffnungen miteinander in Verbindung stehen und von Halbkuppeln auf Trompen überwölbt werden. Diese Raumordnung bewirkt einen oktogonalen Außenbau, der mit vorgelegten Gliederungselementen und Nischen reich dekoriert ist.

Bei der nur fragmentarisch erhaltenen *Palastkirche* in Zvartnots bei Vagharshapat, die von 641 bis 661 errichtet wurde, handelt

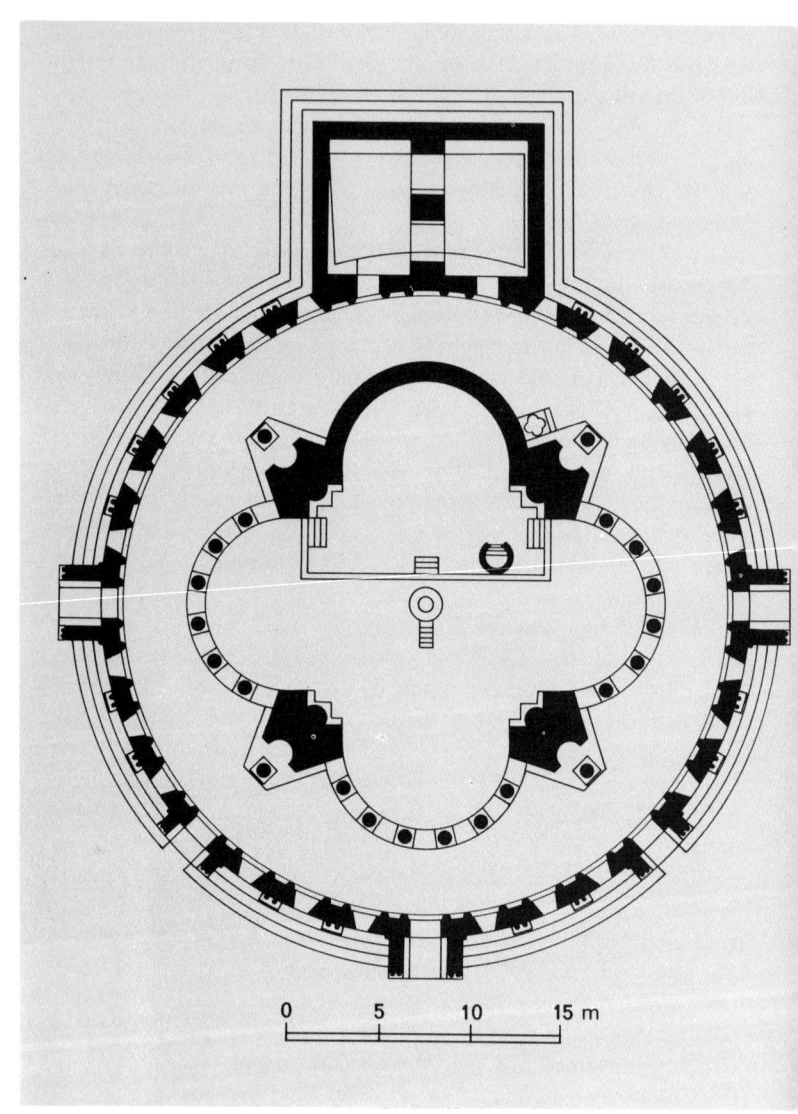

0   5   10   15 m

Zvartnots bei Vagharshapat, Palastkirche (Norden links)

es sich um einen Zentralbau mit Umgang; hinsichtlich ihrer Grundrißdisposition nimmt sie eine Sonderstellung innerhalb der armenischen Architektur ein: Ein vierpaßförmiger Mittelraum wird von einem nach außen hin runden Umgang umgeben. Während die östliche Konche als Apsis massiv aufgemauert ist, werden die Wände der übrigen Konchen in ihrem unteren Teil von einer Arkatur auf sechs Säulen durchbrochen, die (ähnlich wie bei der *Hagia Sophia* in Konstantinopel) eine transparente Abgrenzung des Hauptraumes vom Umgang bewirken. Dort, wo die von Halbkuppeln überwölbten Konchen zusammenstoßen, befinden sich voluminöse, profilierte Pfeiler, die untereinander mit Arkaden verbunden waren, welche zugleich die obere Begrenzung der Konchen darstellten und als Stützen der Kuppel dienten. Im O umfaßte ein rechteckiger Anbau zwei miteinander verbundene Räume, die wohl als Prothesis und Diakonikon dienten. Im W, N und S führten Portale in das Innere der Kirche; zwei weitere, weniger betonte Zugänge befanden sich auf der NW- und SW-Seite. Reste von Architekturplastik vermitteln nicht nur einen Eindruck von der rei-

Ani, S. Gregor

chen Gliederung der *Palastkirche* in Zvartnots, sondern ermöglichen auch, das Aussehen der Anlage ungefähr zu rekonstruieren. Der Außenbau der Kirche, die sich auf einem gestuften Sockel erhob, wurde durch die räumliche Gliederung des Inneren bestimmt. Über der Wand des Umgangs erhob sich die Hochwand des Zentralraumes, die von dem Kuppeltambour überragt wurde. Alle Wandzonen waren mit Blendbögen geschmückt, in denen sich die Fenster befanden. Die aufwendigste Gliederung erfuhr die Wand des Umganges: Die Blendbögen ruhten auf Doppelsäulen; die Zone über den Bögen war mit Reliefs geschmückt, und der obere Teil der Wand wurde durch eine den Rhythmus der Blendbögen wiederholende Folge von Rundfenstern bestimmt.

Die Grundrißdisposition der *Palastkirche* in Zvartnots bei Vagharshapat weicht so sehr von den in Armenien gebräuchlichen Lösungen ab, daß man fremden Einfluß vermuten möchte. Einen verwandten Bauplan weist sowohl in Syrien die *Dreikonchenanlage in R'safa* aus der Zeit vor 553 als auch in Mailand die Ende des 4. Jahrhunderts errichtete Kirche *S. Lorenzo* auf. Ob hier wirklich Zusammenhänge bestehen, läßt sich nicht sagen; die relativ große Entfernung der Kirchen zueinander mag dagegen sprechen, was jedoch wenig beweiskräftig ist, da eine unbekannte Zahl verwandter, näher gelegener Bauten inzwischen nicht mehr erhalten sein könnte. Jedenfalls muß der *Palastkirche* in Zvartnots eine besondere Bedeutung zugekommen sein; denn zwischen 1001 und 1010 errichtete der Architekt Trdat für König Gaguik I. Bagratoni in Ani eine Replik der Palastkirche von Zvartnots.

Diese dem Heiligen Gregor geweihte Kirche in Ani ist (wie *Zvartnots*) bis auf wenige Reste des aufgehenden Mauerwerks zerstört. Soweit erkennbar, weicht *S. Gregor* nur in wenigen Details vom Vorbild ab: Die Konchen des zentralen Vierpaßraumes sind gleichgestaltet, die Fensterdurchbrechungen des Umganges zahlreicher und damit die Blendarkaturen am Außenbau dichter. Die Anzahl der Eingänge ist auf drei reduziert; und im O ist ein kleiner Apsidenraum an den Zentralbau angefügt.

Die verschiedenen Arten, einen Zentralraum durch kleinere Raumeinheiten mit eckigem oder halbrundem Grundriß zu erweitern, werden bei einer Reihe von Zentralkirchen zu einer

Grundrißform kombiniert, die gemeinhin als typisch für die armenische Architektur gilt und außerhalb des armenischen oder direkt von Armenien beeinflußten Gebietes nicht vorkommt.

Das wohl älteste Beispiel dieses Typus ist die zwischen 591 und 609 erbaute *Kirche von Avan*. Ihr zentraler Raum ist quadratisch und an seinen vier Seiten durch Konchen erweitert; dabei ist der westlichen Konche, in der sich der Eingang befindet, sowie der östlichen Apsis jeweils ein breiter Gurtbogen vorgelegt, der bewirkt, daß diese Konchen eine größere Raumtiefe aufweisen als die übrigen. Die Kanten des zentralen Baukubus sind durch im Grundriß fast halbkreisförmige, zum Kuppelraum hin offene Kompartimente ersetzt, über denen die Trompen ansetzen, die den qua-

Ani, S. Gregor von Gaguik

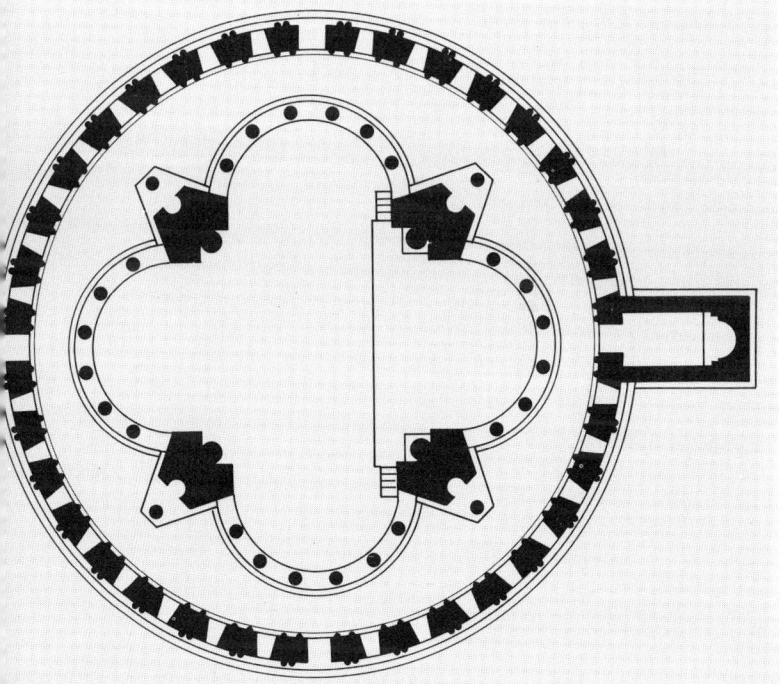

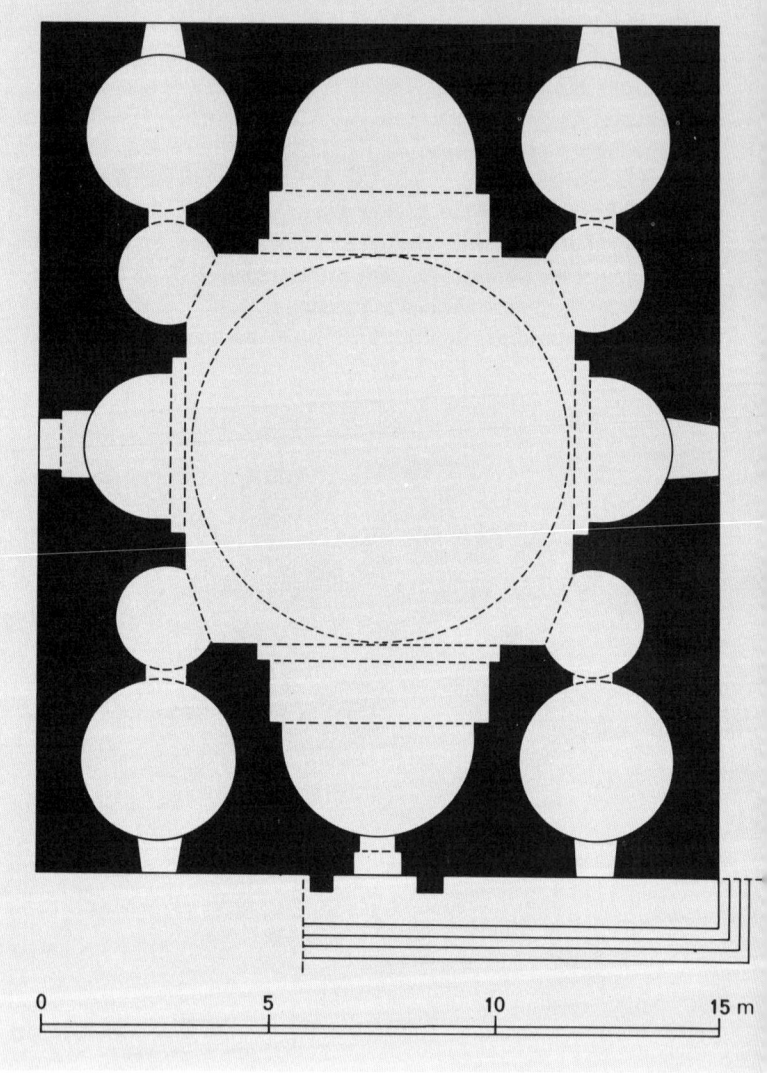

Avan, Marienkirche (Norden links)

dratischen Raumkörper der Kirche in das Oktogon für Tambour und Kuppel überführen.

Bemerkenswert ist bei dieser Grundrißgestaltung, daß der Hauptraum mit Erweiterungen und runden Nebenräumen in einem rechteckigen Baublock untergebracht ist, der außen keine architektonische Gliederung ausweist. Den Aufbau des Inneren hat man nicht zur Grundlage der Außenbaugestaltung gemacht, ein Umstand, der den fast experimentellen Charakter dieser Kirche verdeutlicht.

Die Korrespondenz zwischen Innenraum und äußerer, gliedernder Gestaltung wird bereits bei nur wenig jüngeren Bauten erreicht. Die um 618 erbaute Kirche *S. Hripsime* in Vagharshapat besitzt im Prinzip die gleiche Raumordnung wie die *Kirche in Avan*. Die von den Ecknischen aus erreichbaren Nebenräume sind bei *S. Hripsime* jedoch rechteckig und nutzen – unter der Voraussetzung, daß man einen rechteckigen Baukörper errichten wollte – den zur Verfügung stehenden Raum weit besser aus als in der *Kirche in Avan*, deren Mauern zum Teil erheblich stärker sind, als es statisch notwendig gewesen wäre. In *S. Hripsime* wachsen die Trompen unterhalb des Tambouransatzes gleichsam aus den Kuppelsegmenten der Ecknischen heraus; das Oktogon, das sie herstellen, wird durch kleine, muschelförmig gestaltete Trompen in ein Sechzehneck für den Tambour transformiert.

Wie schon bei zuvor behandelten Bauten sind die Außenseiten der Konchen im unteren Bereich als drei Seiten eines Achtecks polygonal gestaltet. Die Nebenräume in den Ecken des rechteckigen Baublocks werden auf diese Weise optisch getrennt; die Mauern der Nebenräume wiederholen fast spiegelbildlich die Schräge der Polygonseite der benachbarten Konche. So entstehen zwischen Konchen und Eckräumen zurückspringende, oben durch Bögen geschlossene Mauerwinkel, welche den Ablauf einer jeden Seite klappsymmetrisch gliedern und die Raumaufteilung des Innern mit der mittelbaren Selbständigkeit der über die Ecknischen erreichbaren Nebenräume deutlich machen.

Oben wird die Raumordnung des Innern noch klarer ablesbar: Der Zentralraum tritt in Form des polygonalen Tambours in Erscheinung, zu dem die mit Giebeldächern versehenen Konchen

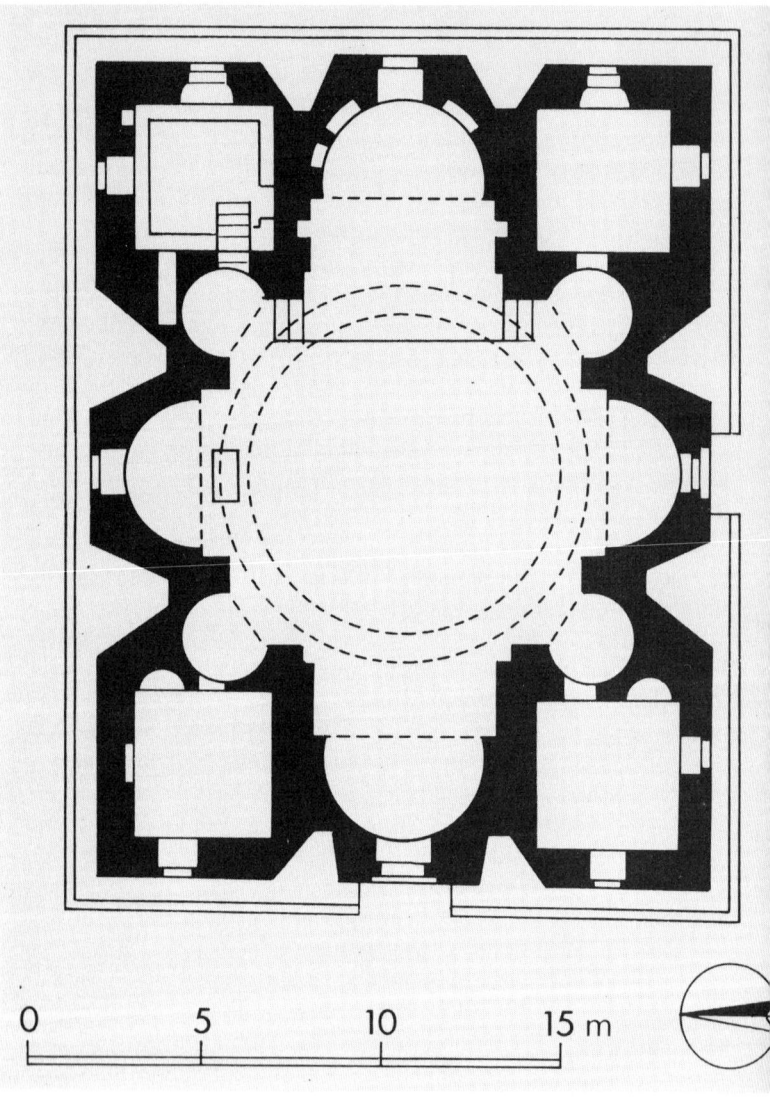

0   5   10   15 m

Vagharshapat, S. Hripsime

kreuzförmig angeordnet sind. Zwischen diesen Kreuzarmen erscheinen die Ecknischen im Außenbau als Reste des rechteckigen Zentralraumes, die sich gleichsam gegen den unteren Teil des Tambours lehnen. Die mit Pultdächern gedeckten Nebenräume, die niedrigsten Raumteile der Kirche, ergänzen den kreuzförmig erweiterten Hauptraum zum Kubus.

Als ein spätes Beispiel dieses Typs hat sich die *Apostelkirche* in Ani erhalten. Sie wurde im 11. Jahrhundert errichtet und weist die gleiche innere Ordnung auf wie die *Kirche in Avan* und *S. Hripsime* in Vagharshapat, wenn auch die räumliche Detailgestaltung sinnvoller und entwickelter ist.

Reduzierte Variante desselben Zentralbautyps ist *S. Etschmiadsin* bei Soradir aus dem 6. und 7. Jahrhundert sowie die *Heiligkreuzkirch*e auf der Insel Aghtamar im Van-See, die im 10. Jahrhundert entstand. Bei beiden Kirchen wurden die westlichen Nebenräume fortgelassen, dienten die östlichen Nebenräume als Pa-

Aghtamar (Van-See), Heiligkreuzkirche; Blick in die Kuppel

stophorien. Damit ist die Symmetrie der vier Ansichtsseiten des Baues aufgehoben.

Da die Grundtypen der armenischen Kirchenarchitektur bis in die Frühzeit zurückreichen und gleichberechtigt nebeneinander existieren, muß man es als ein Charakteristikum dieser Baukunst bezeichnen, daß es eine architektonische Entwicklung im Sinne einer Weiterentwicklung räumlichen Gestaltens eigentlich nicht gegeben hat. So ist bezeichnend, daß der Architekt Trdat einerseits – in fast kopistischer Anlehnung an die *Palastkirche* in Zvartnots bei Vagharshapat – *S. Gregor* in Ani baute und andrerseits mit der *Kathedrale von Ani* einen anderen frühharmenischen Bautypus wiederaufnahm, ebenfalls ohne an der überlieferten räumlichen Ordnung entscheidende Veränderungen vorzunehmen.

Die armenische Baukunst stellt sich als Zentralraum-Architektur dar. Der Bau von betont längsgerichteten Kirchen in Form einfacher Säle oder Basiliken war auf eine kurze Frühphase beschränkt und

Aghtamar (Van-See), Heiligkreuzkirche, Südseite mit (jüngeren) Anbauten

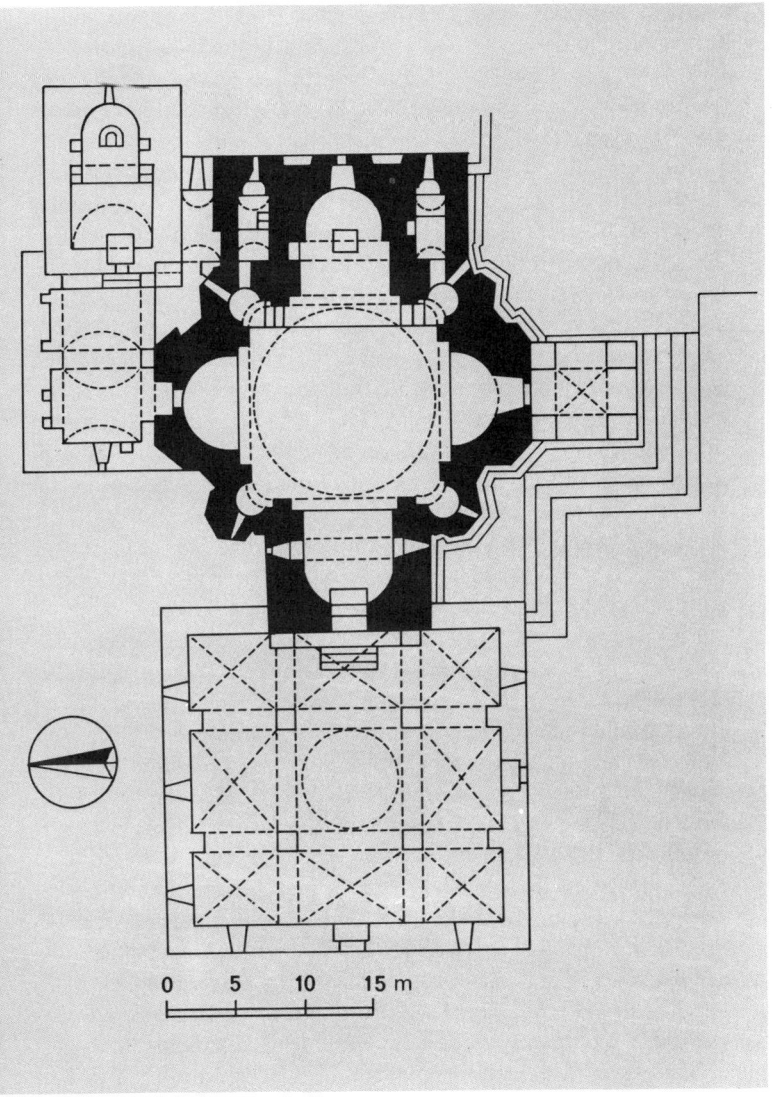

Aghtamar (Van-See), Heiligkreuzkirche. Grundriß: nach DerNersessian

wurde zugunsten zentrierter Kuppel- und Kreuzkuppelbasiliken aufgegeben, besonders aber zugunsten des reinen Zentralbaues. Basis des architektonischen Gestaltungsprozesses war offenbar der überkuppelte Zentralraum, der durch überwiegend symmetrische Erweiterungen zu einem komplizierten Raumgebilde gestaltet wurde, das sowohl im Inneren als auch in der Außengestaltung harmonische Ebenmäßigkeit besaß. Unter diesem Gesichtspunkt kann man die armenische Architektur als konservativ bezeichnen; der »künstlerische Fortschritt« läßt sich weniger an der Raumgestaltung, sondern eher an der Architekturdekoration und Außenbau-Gliederung messen. Die Gliederung frühharmenischer Kirchen kann antikes Erbe kaum verleugnen. So ist die *Basilika in Ererouk* an ihrer Außenseite mit einer rhythmischen Folge von Wandpilastern versehen, die durch einen Architrav miteinander verbunden sind; die rechteckigen Portalöffnungen werden durch Ädikulen mit Rundbögen akzentuiert. Die fensterüberfangenden Profile, die zu allen Zeiten in Armenien begegnen, sind eine Dekorationsform, die ebenfalls bis in antike/frühchristliche Zeit zurückgeht und ebenso wie Volutenkapitelle und Zierfriese zum Allgemeingut der östlichen christlichen Architektur gehört.

Der überwiegende Teil frühharmenischer Bauten zeichnet sich jedoch durch zurückhaltendes Ornament und Strenge aus. Das sorgfältig gearbeitete Mauerwerk, das aufgrund nicht immer gleichfarbigen Steinmaterials von polychromer Wirkung ist, zeigt die klare stereometrische Zusammensetzung der Teilräume. Zwar entstanden schon im 7. Jahrhundert Bauten, bei denen dem Mauerwerk eine Folge von Halbsäulen und Bögen vorgeblendet ist (aufwendigstes Beispiel ist die Palastkirche *Zvartnots* in Vagharshapat); jedoch erst im 9./10. Jahrhundert und danach bestimmte eine größere Ornamentfreudigkeit das Bild der armenischen Architektur. So kann man bei den Kirchen in Ani die Blendbogengliederung des Baukörpers einschließlich des Tambours fast als obligatorisch bezeichnen. Die Schmuckfreude ist natürlich nicht auf die Gestaltung des Außenbaues beschränkt: Auch die Bausubstanz selbst erfährt eine differenzierte und kleinteilige Gestaltung. Als Beispiel hierfür kann die *Kathedrale in Ani* des Architekten Trdat dienen. Der Außenbau ist mit hochproportionierten Blendarkaden geschmückt; dasselbe Ornament besaß auch der bis auf einen geringen Rest eingestürzte Tambour der Kirche. Die Fenster sind mit ornamentierten Blenden umgeben wie die Nischen, die am Außenbau die Grenze zwischen dem Chor und den Pastophorien deutlich machen. Im Inneren sind die Kuppelstützen und die mit ihnen korrespondierenden Wandvorlagen als Bündelpfeiler mit ausgeprägter Basis- und Kapitellzone ausgebildet und entsprechen in ihrer Differenzierung den Gurtbögen und Unterzügen der Gewölbezone. Auf recht kleinem Raum ist eine Formenvielfalt erreicht, die ein hohes Maß an Durchgliederung darstellt, ohne die

Kars,
Apostel-
kirche;
Ansicht
von
Südwesten

Kumbeli Kilise bei Kars; Zentralraum mit Ansatz des Kuppeltambours

räumlichen Verhältnisse zu verwischen. Die Apsis schließlich besitzt in ihrem unteren Teil eine Folge von Blendbögen auf Zwillingssäulen.

Zwar kommt an armenischen Kirchen auch figürliche Bauplastik vor, wie die Aposteldarstellungen am Tambour der *Apostelkirche* in Kars aus dem 10. Jahrhundert und die Evangelisten-Symbole in den Trompen der *Kumbeli Kilise* bei Kars aus dem 10. und 11. Jahrhundert zeigen; jedoch das Schwergewicht liegt offenbar bei der ornamentalen Bauplastik. Figürliche Darstellungen und abstrakte Ornamente finden sich an der *Heiligkreuzkirche* zu Aghtamar in geradezu unerschöpflichem Phantasiereichtum.

MITTELBYZANTINISCHE ARCHITEKTUR (9.–12. JHDT): VOM IKONOKLASMUS ZUR LATEINISCHEN EROBERUNG

Konstantinopel

Die Bezeichnung »mittelbyzantinisch« umreißt keine klar begrenzbare Stilphase. Zwar lassen sich Stilmerkmale nennen, die für diesen Zeitabschnitt charakteristisch sind; jedoch zur Begrenzung der mittelbyzantinischen Epoche werden zwei tiefgreifende historische Ereignisse herangezogen, die auch für die Bildende Kunst bedeutungsvoll waren: Als Beginn der Epoche setzt man allgemein die Beilegung des Bilderstreites, des Ikonoklasmus, in der ersten Hälfte des 9. Jahrhunderts. Das Bekenntnis zur Verehrungswürdigkeit des religiösen Bildes eröffnete nicht nur neue künstlerische Möglichkeiten für Malerei und Plastik, sondern beinhaltete in deren Gefolge auch neue Impulse für die Baukunst. Das Ende der mittelbyzantinischen Zeit wird mit der Einnahme Konstantinopels durch die Kreuzfahrer 1204 markiert. Diese Eroberung der byzantinischen Hauptstadt, an der Byzantiner nicht unbeteiligt waren, bildete zugleich einen Markstein in der Auseinandersetzung zwischen römischer und griechischer Kirche, zwischen dem westlichen und dem orthodoxen Christentum. Konstantinopel und die Hauptgebiete des Byzantinischen Reiches wurden unter die politischen Gruppierungen der Kreuzzugsteilnehmer aufgeteilt. Der byzantinische Kaiser und die Aristokratie des Reiches gingen ins Exil; erst nach rund zwei Generationen konnten die Byzantiner ihre Hauptstadt zurückgewinnen.

Das (kurze) Interregnum des Lateinischen Kaiserreiches bedeutete einen Bruch in der byzantinischen Kunstentwicklung in weiten Teilen des Reiches, führte jedoch andererseits zu einer engen Berührung mit der westeuropäischen Kultur. Allerdings wurden die reichen Kunstschätze Konstantinopels in Mitleidenschaft gezogen. Quellen berichten, wie Kreuzfahrer die Ikonen und Reliquien aus Kirchen und Klöstern raubten, um sie in ihre Heimatländer mitzunehmen. Beispielsweise kann Venedigs Kathedrale S. Marco noch heute eine Ahnung davon vermitteln, welch reiche Beute die Kreuzfahrer aus Konstantinopel mitbrachten: Die berühmte Pala d'Oro, ein mit Emailtafeln verzierter Goldaltar, kam aus dem *Pantokratorkloster*; die monolithen Rechteckpfeiler an der Südseite der Kirche stammen aus dem *Polyeuktoskloster*; die Bronzepferde auf der Westgalerie standen einst im Hippodrom; die Gruppe der Tetrarchen, die an der südlichen Außenseite angebracht ist, wurde vom Forum Tauri hierher versetzt.

Die Bauten Konstantinopels, der Hauptstadt des Byzantinischen Reiches, sollen im folgenden als einheitlicher Komplex vorgestellt werden; denn die »Hofkunst« war in bestimmter Weise für das Reich beispielhaft und tonangebend.

Trotz Zerstörungen während der Lateinischen Eroberung von 1204 und der Eroberung durch die Türken 1453, trotz Einbußen durch die baulichen Notwendigkeiten und Aktivitäten einer modernen Großstadt bilden die Bauten aus mittelbyzantinischer Zeit heute die umfangreichste Gruppe byzantinischer Architektur in Istanbul.

Im Vergleich zu frühbyzantinischen Bauten ist die Erforschung der mittelbyzantinischen und auch der spätbyzantinischen Architektur weniger intensiv erfolgt. Noch heute lassen sich hier Entdeckungen machen, so daß in einer Zusammenfassung der Architektur dieser Epoche viele Einzelfragen unbeantwortet bleiben müssen.

Im Gegensatz zu den Bauten aus frühbyzantinischer Zeit sind die überlieferten Beispiele an mittelbyzantinischer Architektur weniger monumental. Eine Kirche von der Größe und verschwenderischen Ausstattung der *Hagia Sophia* wurde bis zum Untergang des Byzantinischen Reiches nicht ein zweites Mal errichtet. Die Bauten besitzen durchweg kleinere Abmessungen, zeigen jedoch in ihrer Detailgliederung immer größere Aufwendigkeit. Gleichzeitig scheinen die mittelbyzantinischen Kirchenbauten bewußter zu ihrer städtebaulichen Umgebung in Beziehung gesetzt worden zu sein; ablesbar ist eine gedankliche Auseinandersetzung mit dem Problem der Wechselwirkung zwischen den Polen »umbauter Raum« und »umgebender Raum«.

Die allgemeine historische Entwicklung des Byzantinischen Reiches scheint den bescheideneren Dimensionen und der großen Vielfalt der Detailgliederung mittelbyzantinischer Kirchen zu entsprechen. Der Anspruch auf Weltherrschaft im antiken Sinne stand nicht mehr im Vordergrund. Der für die Frühzeit charakteristische Monopolismus des Staates und die damit verbundene Allmacht waren gebrochen. Die Aristokratie nahm in mittelbyzantinischer Zeit auch für die künstlerische Entwicklung ständig an Bedeutung zu. Der Machtverlust des Kaisertums war nicht zuletzt ein Resultat der wirtschaftlichen Schwierigkeiten; zu diesem Niedergang bildete die Blüte in allen Bereichen der Kunst einen unübersehbaren Kontrast.

Die Grundproblematik der Gestaltung von Kirchenräumen änderte sich in mittelbyzantinischer Zeit gegenüber der frühbyzantinischen nicht wesentlich. Im Vordergrund stand hier wie dort das zentralisierende Raumgefüge. Es ist also eine Kontinuität festzustellen; die Gedanken und Bestrebungen der Frühzeit wurden konsequent weiterverfolgt. Zum Kanon der Grundriß- und Raumgestaltung gehörte die Kuppelbasilika mit oder ohne Querschiff. Aus diesem Bautypus, der zur Monumentalität neigt, wurde um den Beginn der mittelbyzantinischen Epoche eine Raumform entwickelt, die an einen relativ kleinen Maßstab gebunden blieb: die Kreuzkuppelkirche.

Der Begriff »Kreuzkuppelkirche« bezeichnet nicht eine starr fixierte Bauform, sondern eher eine Vielzahl von Lösungen, die hinsichtlich ihres räumlichen Aufbaues viele Übereinstimmungen grundsätzlicher Natur aufweisen und so den Zusammenschluß der einzelnen Kirchen zu einer Bautengruppe rechtfertigen. Seinen Einzelelementen nach läßt sich der räumliche Aufbau der Kreuzkuppelkirche folgendermaßen beschreiben: Den Kern bilden kreuzförmig angeordnete tonnengewölbte Raumeinheiten; ihre räumliche Überschneidung wird von einer Kuppel überhöht, die in einem von Fenstern durchbrochenen Tambour plaziert ist.

Dieser räumliche Kern wird zu einem Rechteck ergänzt, indem die Bereiche in den Winkeln der vier Kreuzarme durch je eine kleinere Raumeinheit ausgefüllt werden. Diese vier Eckkompartimente, die mit Tonnen, Kreuzgratgewölben oder kleinen

Kuppeln überdeckt sein können, ordnen sich hinsichtlich ihrer Höhe dem Hauptteil der Kirche unter, so daß die dem räumlichen Aufbau zugrundeliegende Kreuzform im Innern wie am Außenbau klar ablesbar ist.

Die Grundelemente des räumlichen Aufbaus einer Kreuzkuppelkirche begegnen uns bereits in frühbyzantinischer Zeit: Die Kreuzform, die überhöhte Vierung und die stets rechteckige Grundfläche des Baukörpers sind nicht neu; lediglich die Art der Gruppierung der räumlichen Grundformen ist eine Neuentwicklung, eine Folge des kleineren Ausmaßes. Die Basilika als architektonische Ausgangsform des byzantinischen Kirchenbaus tritt nicht mehr so klar in Erscheinung wie in der Frühzeit, ist jedoch aufgrund der räumlich untergeordneten Eckräume, in denen man Rudimente von Seitenschiffen sehen kann, latent auch bei der Kreuzkuppelkirche erhalten geblieben.

Der Typ der Kreuzkuppelkirche dürfte zuerst in der Hauptstadt Konstantinopel errichtet worden sein. Zu welcher Zeit er dort entstand, ist unbekannt. Man hat seinen Ursprung in spätantiker und in frühbyzantinischer Zeit gesucht. Zwar finden sich dort durchaus vergleichbare Raumgebilde; doch erklärt sich die Kreuzkuppelkirche aus der Entwicklung des Kirchenbaues in frühbyzantinischer Zeit (Basilika, Kuppelbasilika, Kreuzkuppelbasilika) zwangloser als durch die Wiederaufnahme jahrhunderteälterer Raumformen.

Auf der Suche nach der ältesten faßbaren Kreuzkuppelkirche, nach dem »Schöpfungsbau«, der am Beginn einer großen Zahl von Kirchen gleicher Grundrißdisposition steht, stieß die Forschung auf eine Beschreibung der *Nea*, der Neuen Kirche, die Kaiser Basileios (867–86) innerhalb des Palastbezirkes errichten ließ. Zwar kann man aus der das Einmalige dieses Baues betonenden Beschreibung herauslesen, daß es sich um eine Kreuzkuppelkirche gehandelt haben könnte. Es fehlt jedoch an Eindeutigkeit, so daß die Frage nach der ältesten Kreuzkuppelkirche nicht schlüssig beantwortet werden kann. Die Qualität der aus mittelbyzantinischer Zeit überlieferten Kreuzkuppelkirchen läßt allerdings darauf schließen, daß es ältere, weniger ausgereifte Vertreter dieses Bautypus gegeben haben muß.

Istanbul, Bodrum Camii (Myrelaionkirche);
Ansicht von Nordwesten nach der Restaurierung ▶

Die ältesten erhaltenen Kreuzkuppelkirchen Konstantinopels sind die *Theotokoskirche* des Lipsklosters und die *Bodrum Camii* (die Moschee mit dem Keller, wie die Türken sie heute nennen). Aufgrund ihres Standortes beim alten Myrelaion wird die *Bodrum Camii* auch *Myrelaionkirche* genannt; ihre Dedikation ist jedoch unbekannt. Sie, die – trotz einer wissenschaftlich allzu großzügigen Restaurierung in den Sechziger Jahren – zu den beeindruckendsten Zeugnissen der byzantinischen Architektur in Istanbul gerechnet werden kann, wurde von Kaiser Romanos Lekapenos um 920 als Palast- und Grabeskirche errichtet. Ihr Erbauer gelangte als Usurpator auf den Kaiserthron und brach mit der Tradition seiner Vorgänger, die sich in der *Apostelkirche* hatten bestatten lassen.

Von dem gesamten Palastkomplex, der über ausgedehnten Substruktionen errichtet wurde, blieb lediglich die *Bodrum Camii* erhalten. Diese Substruktionen waren notwendig, um am südlichen, zum Meer abfallenden Landrücken ein Baugelände mit einheitlichem Niveau zu schaffen. Die *Bodrum Camii* erhebt sich auf einer eigenen Substruktionsterrasse, die mit der des Palastes nicht in Verbindung steht. Die Räumlichkeiten unter der Kirche waren

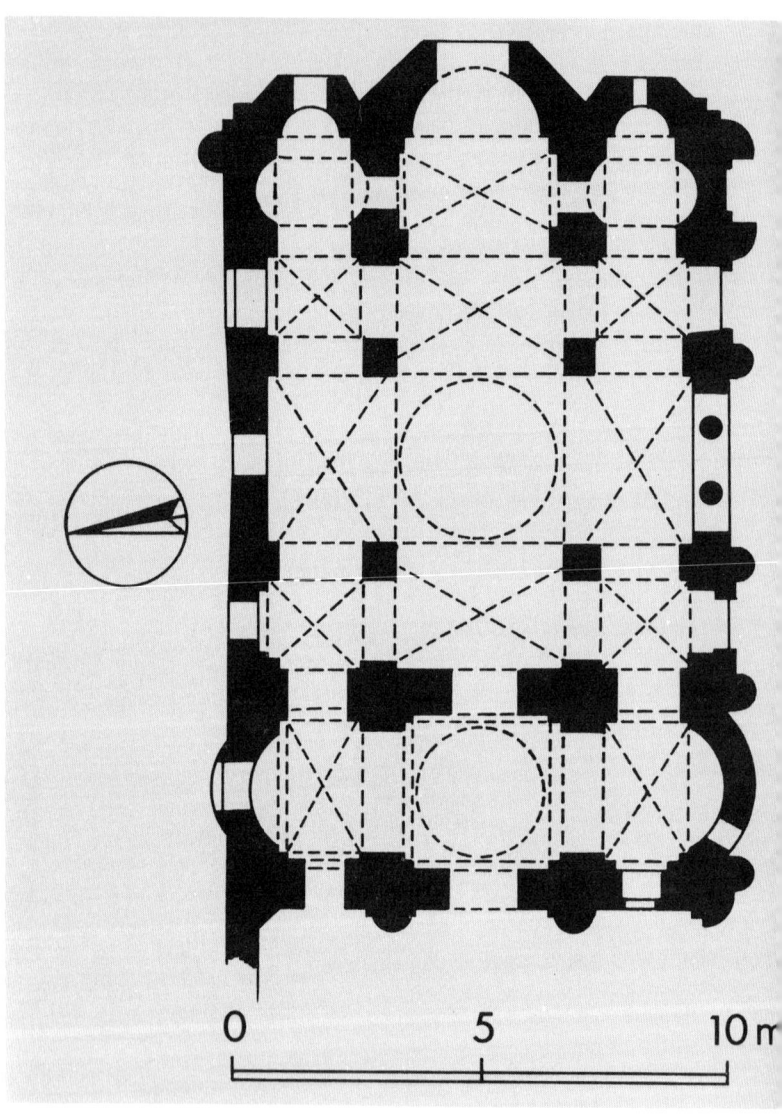

Istanbul, Bodrum Camii (Myrelaionkirche)

ursprünglich profaner Nutzung vorbehalten, erst zu einem späteren Zeitpunkt wurden sie sakralen Zwecken zugeführt, wie noch heute Reste von Wandmalerei zeigen. Die Kirche wurde aus Ziegeln unter Verwendung von Zwischenlagen aus nicht sehr exakt gehauenen Steinquadern errichtet. Dem räumlichen Aufbau liegt das zuvor beschriebene Schema der Kreuzkuppelkirche zugrunde. Der Hauptraum setzt sich aus dem mit einer Tambourkuppel versehenen Zentraljoch und vier querrechteckigen, mit Kreuzgratgewölben gedeckten Kreuzarmen zusammen; auch die Eckkompartimente besitzen Gratgewölbe. An den östlichen Kreuzarm schließt sich das Bema an, das aus einem Chorjoch mit anschließender, innen runder, außen polygonaler Hauptapsis besteht. Beiderseits vom Bema liegen – in Verlängerung der östlichen Eckkompartimente – Prothesis und Diakonikon, kleine, kreuzgratgewölbte Räume mit Apsiden. Wie bei Bauten der frühbyzantinischen Zeit waren das Bema sowie die Pastophorien vom übrigen Kirchenraum abgeschrankt und nur dem Klerus zugänglich.

Besaßen die Kuppeln frühbyzantinischer Zeit massive Stützkonstruktionen, so ruht der von großen Fenstern durchbrochene Tambour der *Bodrum Camii* samt seiner Kuppel auf recht schlanken Pfeilern. Daraus ist ablesbar, daß man im Laufe der Zeit die statischen Verhältnisse besser abzuschätzen gelernt hatte – freilich ohne über ›Erfahrungswerte‹ hinaus zu Berechnungen in der Lage gewesen zu sein. Diese statische Ausgewogenheit der Konstruktion spiegelt sich in der Raumordnung wider; denn der für die Kreuzkuppelkirche charakteristische Aufbau ist nicht nur ästhetisch begründet, sondern auch ein Resultat bautechnischer Überlegungen: das zentrale, mit Kuppel und Tambour versehene Joch ist auf allen Seiten von Räumen eingefaßt, die gemeinsam ein Widerlager für den Kuppelschub darstellen.

Die Kuppel der *Bodrum Camii* gehört dem Typ der Falt- oder Schirmkuppel an, bei dem die Gewölberundung in eine Folge von Bögen oder Falten aufgelöst ist, deren Grate – ähnlich wie die Rippen der Hauptkuppel in der *Hagia Sophia* – die statisch wichtigen Teile der Konstruktion darstellen.

Im Westen ist der *Bodrum Camii* eine Eingangshalle vorgelegt, die drei äußere Portale besitzt; von ihr führen drei Zugänge in das

Kircheninnere. Bei der Gliederung des Narthex in einen mittleren Teil, der mit Kappengewölben versehen ist, und je einen kreuzgratgewölbten seitwärtigen waren die Breitenverhältnisse von Hauptraum zu den Eckkompartimenten des eigentlichen Kircheninnern maßgeblich. Die räumlichen Verhältnisse des Innern der *Bodrum Camii* sind am Außenbau der Kirche klar ablesbar: Der kreuzförmige, durch eine Tambourkuppel im Zentrum überhöhte Hauptraum, die niedrigeren Eckkompartimente und der Chor mit Prothesis und Diakonikon bestimmen die Gliederung; dabei ist die zur Mitte hin stufenartig ansteigende Höhe der Raumteile für die Kreuzkuppelkirche charakteristisch. Die Nahtstellen zwischen den Teilräumen der Kirche werden am Außenbau durch Lisenen mit Halbsäulen aus Formziegeln akzentuiert. Auf diese Weise werden die inneren Maßverhältnisse auf die Außenwand projiziert, wodurch eine Gliederung des Wandablaufes erreicht wird. Die Ausgewogenheit der Raumkomposition, die Klarheit des Aufbaues und der Wandgliederung, die nicht einfach Fassadengestaltung, sondern gleichsam Spiegel des Innern sind, stützen die bereits geäußerte Vermutung, daß es ursprünglich in Konstantinopel ältere Beispiele dieses Bautyps gegeben haben muß.

Hält man sich vor Augen, daß die *Bodrum Camii* eine kaiserliche Gründung ist, so zeigt sich etwa im Vergleich mit Bauten Justinians, daß sich das Verhältnis des Menschen zur Architektur geändert hat. Vertritt die *Sergios-und-Bacchos-Kirche* (die Palastkirche Justinians) einen imperialen Anspruch, so wirkt die *Bodrum Camii* (ebenfalls eine Palastkirche) bescheiden.

Zahlreiche Übereinstimmungen in der architektonischen Gestaltung verbinden die *Bodrum Camii* mit der geringfügig jüngeren Nordkirche des Lipsklosters (*Fenari Isa Camii*). Diese von Konstantinos Lips zu Beginn des 10. Jahrhunderts gegründete *Theotokoskirche* wurde in spätbyzantinischer Zeit um eine weitere Kirche zu einer Doppelanlage erweitert und erfuhr dabei einige Veränderungen.

Hinsichtlich der Grundrißgestalt und des räumlichen Aufbaus entspricht die *Theotokoskirche* weitgehend der *Bodrum Camii*. Auf eine Abweichung muß in Hinblick auf spätere Bauten besonders eingegangen werden. Schon in den Zwanziger Jahren unseres

Istanbul, Lipskloster (Fenari Isa Camii); Ansicht von Nordosten, rechts
die Theotokoskirche, links die (jüngere) Johannes-Prodromos-Kirche

Jahrhunderts wurde bei einer gezielten archäologischen Sondage
festgestellt, daß sich an die nördliche Nebenapsis ursprünglich eine
weitere Apsis anschloß. Im S, wo die jüngere Kirche des Komple-
xes angefügt wurde, dürften die Verhältnisse entsprechend gewesen sein. Aus diesem Befund erschloß der Ausgräber Nikolaus Brunov eine ursprüngliche »Fünfschiffigkeit« der Anlage. Die äußeren, flankierenden Schiffe stellte sich Brunov als eingeschossige,
umgangartige Erweiterung der Kreuzkuppelkirche vor; er hielt
sie für eine Zutat, die in das konstruktive System der Kreuzkuppelanlage nicht integriert war und damit später ohne Schaden für
den übrigen Bau abgebrochen werden konnte. Brunov fand noch
an anderen Bauten Konstantinopels vergleichbare archäologische
Hinweise; so kam er zu der Schlußfolgerung, die mittelbyzantinische Kreuzkuppelkirche habe sich in Konstantinopel im Laufe der
Zeit zur »Fünfschiffigkeit« entwickelt. Seine These fand schon bei

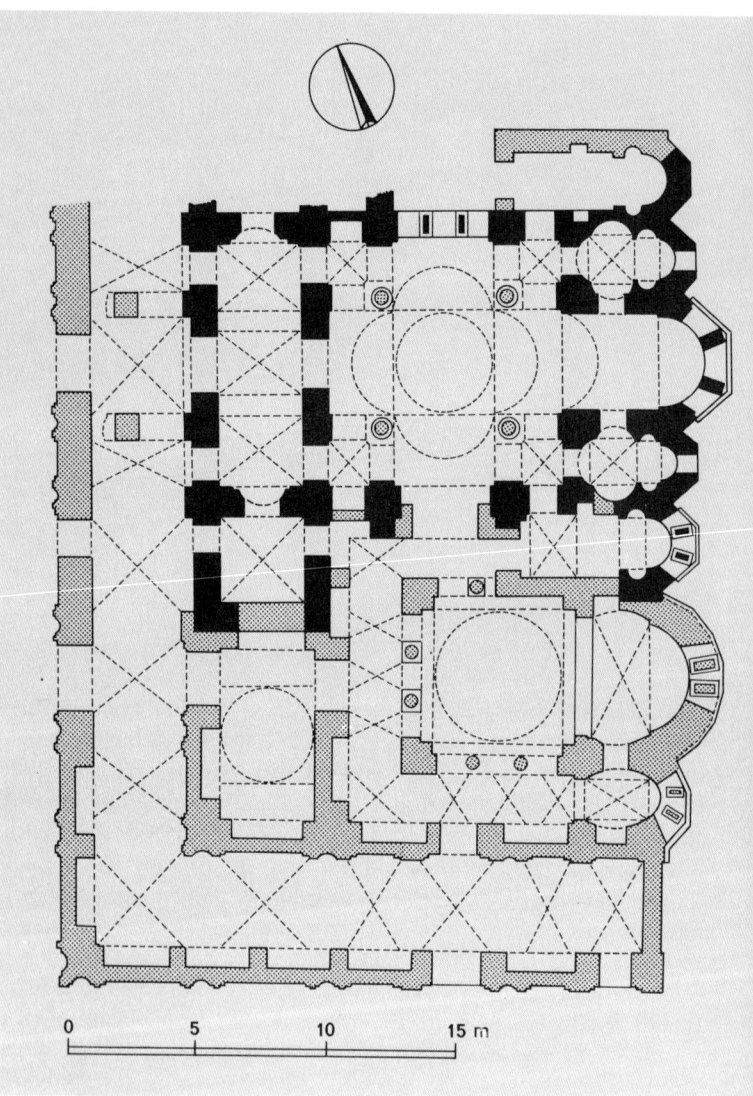

Istanbul, Lipskloster (Fenari Isa Camii). Grundriß: nach Megaw

den Zeitgenossen wenig Zustimmung. Bei der *Theotokoskirche* hat sie sich in neueren Untersuchungen, die zu dem Resultat führten, daß es sich bei den von Brunov festgestellten Resten nur um eine Kapelle handelte, als unzutreffend erwiesen; jedoch ist die Fünfschiffigkeit als eine Erscheinungsform der hauptstädtischen Kreuzkuppelkirche nicht generell auszuschließen. Bei der *Theotokoskirche* sind die Eckbereiche des Grundrißkreuzes zweigeschossig angelegt. Während sie im Erdgeschoß in den Kirchenraum voll einbezogen sind, sind sie im oberen Geschoß als Kapellen ausgebildet. Von dem nordwestlichen Kapellenraum führte eine von Konsolsteinen getragene Galerie zur Kapelle über der Prothesis und somit auch zu dem kleinen Kapellenbau, der sich nördlich an die Kirche anschloß.

Die Schildwände der nach N und S gerichteten Tonnengewölbe des Kirchenraums waren, wie man auf der Nordseite des Baues sehen kann, durch große Fensteröffnungen bestimmt, die fast die

Istanbul, Lipskloster (Fenari Isa Camii); Ansicht von Nordosten, rechts die Theotokoskirche, links die jüngere Johannes-Prodromos-Kirche

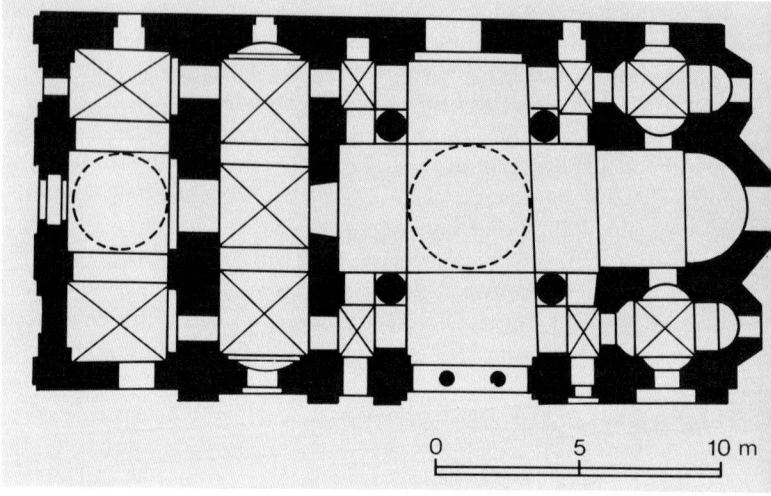

Istanbul, Pantepopteskirche (Eski Imaret Camii)

gesamte Wandfläche einnahmen, so daß die *Theotokoskirche* von Licht gleichsam durchflutet wurde. So besitzen die *Bodrum Camii* und die *Theotokoskirche* des Lipsklosters trotz naher Grundrißverwandtschaft darüber hinaus jeweils ihre eigentümlichen Merkmale.

Es wäre nun interessant, die weitere Entwicklung der hauptstädtischen Architektur zu verfolgen. Dies ist jedoch mit erheblichen Schwierigkeiten verbunden; denn für den auf den Bau der *Theotokoskirche* folgenden Zeitabschnitt von etwa der ersten Hälfte des 10. Jahrhunderts bis 1070 fehlt jegliches archtitektonische Beispiel.

In den Siebziger oder Achtziger Jahren des 11. Jahrhunderts stiftete die Mutter des Kaisers Alexios I. Komnenos (1081–1118) das Pantepopteskloster. Aufgrund alter topographischer Beschreibun gen hat man diesen Bau mit der heutigen *Eski Imaret Camii* identifiziert.

Sowohl wegen der Grundrißdisposition als auch aufgrund mancher stilistischer und technischer Details gehört die *Pantepopteskirche* sicher der mittelbyzantinischen Zeit an. Mit der *Bodrum Camii* und der *Theotokoskirche* verbindet sie eine enge Verwandtschaft: Sie gehört dem Typ der Kreuzkuppelkirche an; auch bei ihr waren die Schildwände im N und S durch großflächige Fensteröffnungen durchbrochen.

Die *Eski Imaret Camii* wurde über einer Substruktion errichtet, die heute völlig im Boden steckt. Es ist wohl auszuschließen, daß die Unterkonstruktion(die sicher nicht als Sakralraum, sondern als Zisterne diente, welche ihre Schöpföffnung im Narthex der Kirche hatte) ebenso auf allen Seiten frei lag wie die Substruktion der *Bodrum Camii*. Das um das *Pantepopteskloster* nach Osten hin stark abschüssige Gelände spricht jedoch dafür, daß zumindest im östlichen Bereich die Zisterne über den Erdboden hinausragte; das hatte für den eigentlichen Kirchenbau in konstruktiver Hinsicht zur Folge, daß die Ostseite auf einem sockelartigen Unterbau stand.

Der Außenbau der *Eski Imaret Camii* wurde mit größerem dekorativem Aufwand gegliedert, als es bei älteren mittelbyzantinischen Kirchen der Fall war. Bereits bei der *Theotokoskirche* sind die ersten Ansätze für eine Belebung der Mauerflächen des Außenbaues zu beobachten: An der polygonalen Hauptapsis findet sich an der Stirnseite oberhalb des Fensters eine in die Mauersubstanz eingetiefte Nische mit Kreissegmentgrundriß, die oben gewölbeartig abschließt. Gleichartige, in ihrer Proportion gedrungene Wandnischen finden sich bei der *Eski Imaret Camii* oberhalb der drei Apsidenfenster. Wie bei der *Theotokoskirche* sind im oberen, gewölbten Teil der Nischen die Ziegel radial zum Bogen gesetzt. Bei der *Eski Imaret Camii* wird damit erstmals das Bestreben der mittelbyzantinischen Zeit klar faßbar, die Außenwände zu beleben. Dem Wunsch nach ornamentaler Gestaltung des Außenbaues entsprach man in der Folgezeit mit immer größerem Einfallsreichtum.

Die *Kilise Camii* (möglicherweise identisch mit der Kirche des *Theodorklosters*) hat – wie die *Eski Imaret Camii* – noch keine

Istanbul,
Kilise
Camii;
Hauptapsis

nähere baugeschichtliche Untersuchung erfahren. Wegen ihrer
Grundrißdisposition (worin sie besonders der *Eski Imaret Camii*
ähnelt) wie auch aufgrund der Gliederung der Ostseite durch im
Grundriß rechteckige Nischen, deren Gestaltung noch konsequen-
ter als bei der *Eski Imaret Camii* ist, liegt es nahe, die *Kilise Camii*
der mittelbyzantinischen Zeit zuzuordnen: Die Datierungen
schwanken zwischen dem 10. und 11. Jahrhundert; die offensicht-
liche Verwandtschaft mit der *Eski Imaret Camii* deutet auf eine
Entstehung der *Kilise Camii* im 11. Jahrhundert.

Auch bei dieser Kirche ließen sich zwei weitere seitliche Apsiden
nachweisen, die Brunov wie bei der *Theotokoskirche* des Lipsklosters als Seitenschiffe deutete. Auf einer Zeichnung, die Texier
1835 anfertigte, ist an der Südseite der *Kilise Camii* eine Arkaden-

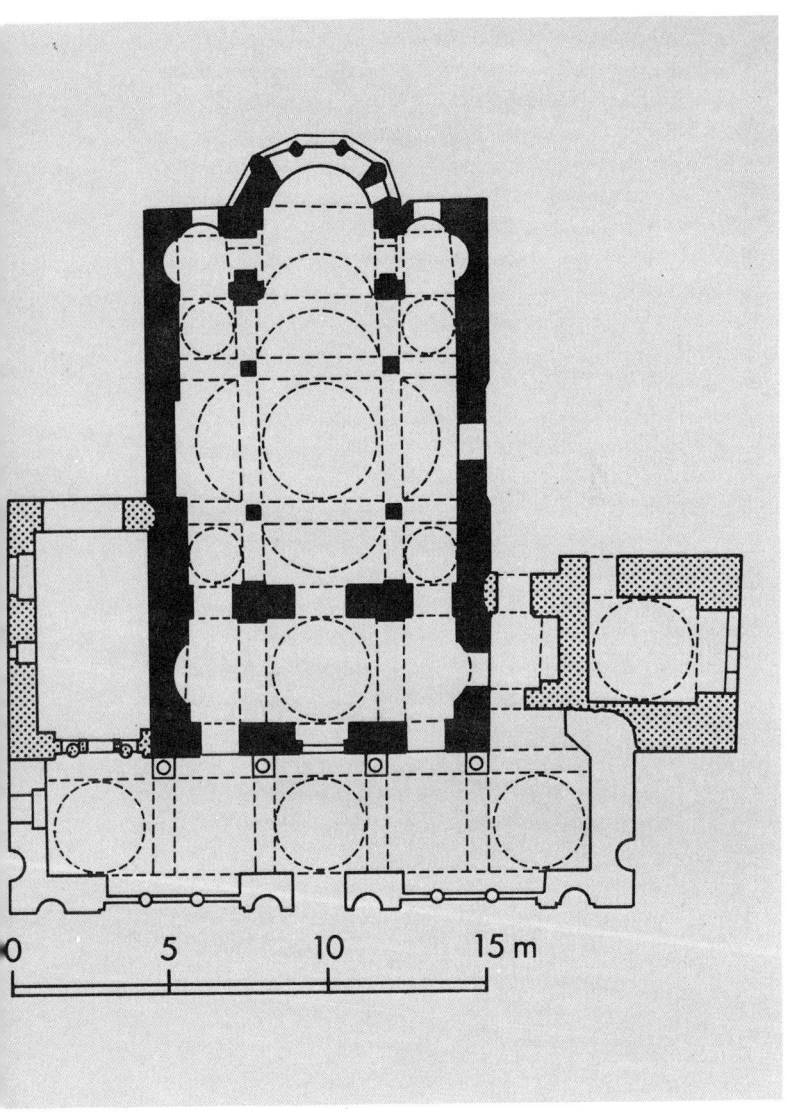

0   5   10   15 m

Istanbul, Kilise Camii (Norden links)

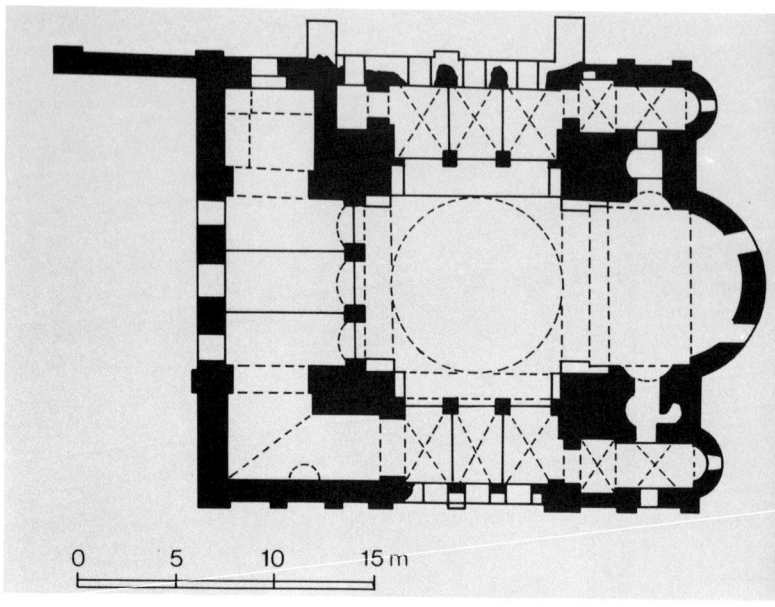

Istanbul, Gül Camii

reihe sichtbar; sie gehörte vermutlich zu einer mit der übrigen
Kirche nur lose verbundenen Vorhalle, die vor der von Brunov
festgestellten Apsis lag.

Um 1100 entstand die *Gül Camii*, die lange Zeit fälschlich für
die Kirche der Hl. Theodosia gehalten und in das 8. oder 9. Jahrhundert datiert wurde; die Fehldatierung war auch eine Folge der
Hypothese, daß in mittelbyzantinischer Zeit ausschließlich Kreuzkuppelkirchen errichtet worden seien. Damit ist schon angedeutet,
daß die *Gül Camii* von ihrer Grundriß- und Raumgestaltung her
nicht mit den bisher angeführten Beispielen mittelbyzantinischer
Kirchenbaukunst in Einklang zu bringen ist. Die *Gül Camii* ist
eine Emporenkirche mit zentraler Kuppel. Sie scheint damit einer
typologisch älteren Entwicklungsstufe anzugehören. Erst bei nähe-
rer Betrachtung erweist sich, daß ihre Einzelformen und räumliche

106

Gestaltung viele Merkmale aufweisen, deren Parallelen beim Bautyp der Kreuzkuppelkirche zu finden sind. Der Hauptraum der Kirche wird aus einem Tonnenkreuz mit zentraler Kuppel gebildet und durch vier Raumeinheiten in den Kreuzecken zu einem im Grundriß rechteckigen Baukörper ergänzt. In die Kreuzarme im S, W und N sind Emporen eingestellt, so daß im Grundgeschoß der Kirche ein der Basilika ähnlicher Raumeindruck entsteht. Die westlichen Eckkompartimente sind Verbindungsglieder zwischen den Räumen unter den Emporen sowie zwischen der westlichen Empore und denen im N und S. In den östlichen Eckräumen sind unten Prothesis und Diakonikon untergebracht, auf dem Emporenniveau befinden sich kleine, etwa quadratische Kapellenräume. Während man von den Pastophorien direkt in den Chorraum gelangen kann, besitzen die Kapellen Fensteröffnungen, die auf die Apsis ausgerichtet sind. Die Ablesbarkeit dieser für die mittelbyzantinische Zeit charakteristischen Raumstruktur wird dadurch erschwert und gleichsam verfremdet, daß die Kirche mit einem Emporengeschoß versehen ist und die große Mittelkuppel nicht auf

Istanbul,
Gül
Camii,
Ostseite

schlanken Pfeilern oder gar Säulen ruht, sondern auf massiven Wandteilen. Hinzu kommt, daß die *Gül Camii* eine Größe aufweist, die alle zuvor beschriebenen Bauten der mittelbyzantinischen Zeit weit übertrifft und unwillkürlich an Kirchen der frühbyzantinischen Epoche erinnert. Die Gewölbezone der *Gül Camii* ist wie bei einer Kreuzkuppelkirche angeordnet: Im Zentrum des Tonnenkreuzes sieht man die zentrale Kuppel (heute eine fensterlose Konstruktion aus türkischer Zeit, ursprünglich jedoch mit Sicherheit eine Kuppel in einem von Fenstern durchbrochenen Tambour) und in den Ecken des Tonnenkreuzes die vier kleineren Kuppeln der westlichen Eckkompartimente sowie der östlichen Kapellen des Emporengeschosses. Von der ursprünglich offenbar großzügigen Belichtung des Innenraums der *Gül Camii* zeugen heute nur noch Spuren von Fenstern im Mauerwerk. Die Eckräume der Emporenzone und die Apsiden besaßen stark gestelzte Tripelfenster. Die Schildwände des gegenwärtigen Baues stammen aus türkischer Zeit; ursprünglich waren sie wohl ähnlich stark mit Fenstern durchbrochen, wie noch heute bei der *Theotokoskirche* des Lipsklosters zu beobachten ist.

Von der byzantinischen Außenbaugestaltung der *Gül Camii* haben sich nur bescheidene Reste erhalten; denn bereits vor der türkischen Eroberung scheint die Kirche eine Ruine gewesen zu sein. Die Ostseite der Kirche mit ihren drei Apsiden stammt noch weitgehend aus mittelbyzantinischer Zeit und zeigt eine der aufwendigsten Außenbaudekorationen, die in Istanbul aus byzantinischer Zeit erhalten sind. Das Mauerwerk der siebenseitigen Hauptapsis und der fünfseitigen Nebenapsiden war von den Fenstern (ursprünglich hohe Tripelfenster) bis zum Fries, der den Dachansatz markiert, in Nischen aufgegliedert, die den Wänden eine plastische, von Licht und Schatten bestimmte Oberflächenstruktur verliehen.

Die *Gül Camii* stand auf einer hoch aufragenden Substruktionsterrasse, die heute hinter einer türkischen Ummantelung und unter Aufschüttungen verborgen liegt. Ein ungefährer Eindruck davon, wie sehr die Kirche auf diese Weise aus ihrer städtebaulichen Umgebung herausgehoben wurde, läßt sich noch an der Ostseite gewinnen, wo die an der Apsidenseite vorbeiführende Straße etwa 4 m tiefer liegt. Der Substruktionsblock der *Gül Camii* war im N,

O und S nur geringfügig breiter und länger als die Kirche, während er sich nach W um ein beträchtliches, heute nicht mehr exakt bestimmbares Stück über den Kirchenbereich hinaus ausgedehnt haben muß; also kann man annehmen, daß sich westlich an die *Gül Camii* ein zur Kirche gehörender Baukomplex, vielleicht ein Kloster, angeschlossen hat. Stellt man sich die *Gül Camii* in alter Umgebung vor, die über eine Höhe von zwei bis drei Geschossen nicht hinausgegangen sein dürfte, so muß der großräumige Kirchenbau auf seinem hohen, künstlichen Substruktionsgeschoß geradezu imperial gewirkt haben und wird – vom benachbarten Goldenen Horn her gesehen – das dominierende Gebäude des Stadtteils gewesen sein.

Gegen 1100 wurde die Kirche des Choraklosters gegründet und bereits kurz danach großenteils neu errichtet. Diese *Chorakirche*, heute in der Hauptsache wegen ihrer Mosaiken und Malereien berühmt, wurde in spätbyzantinischer Zeit zu einem umfangreicheren Baukomplex erweitert und in ihrem Aussehen verändert. Die Anlage, deren zeitliche Nähe zur *Gül Camii* an der verwandten Apsisgliederung erkennbar ist, besitzt einen kreuzförmigen Grundriß:

Istanbul, Chorakirche (Kariye Camii); Ansicht von Südosten, im Vordergrund das Paraëkklesion

Das zentrale Kuppelquadrat ist durch gurtbogenartige, kurze Tonnengewölbe erweitert. Dieser schlichte Raum, der heute die Raffinesse byzantinischer Baukunst nur noch ahnen läßt, sei hier wegen der Reste angeführt, die sich von seiner Ausgestaltung erhalten haben: Wie schon bei der *Hagia Sophia* beschrieben, waren auch in der *Chorakirche* die Wände mit Marmorplatten verkleidet; die Gewölbezone mit Mosaik und der Fußboden bestanden aus verschiedenfarbigen, in Mustern verlegten Marmorsorten, so daß das Mauerwerk im Innenraum der gesamten Kirche mit Hilfe kostbarer Materialien verdeckt war und infolgedessen gleichsam entmaterialisiert erschien.

In den architekturgeschichtlichen Zusammenhang der Zeit um 1100 gehört auch die *Pammakaristoskirche*, die in Erinnerung an die Eroberung Georgiens und des Aserbaidschan bei der Umwandlung in eine Moschee den Namen *Fethiye Camii*, »Siegesmoschee« erhielt. Die Entstehungszeit der Kirche konnte bisher nicht eindeutig geklärt werden; in der Literatur wird sie mit dem 11. oder dem 12. Jahrhundert angegeben, wobei die zweite Datierung

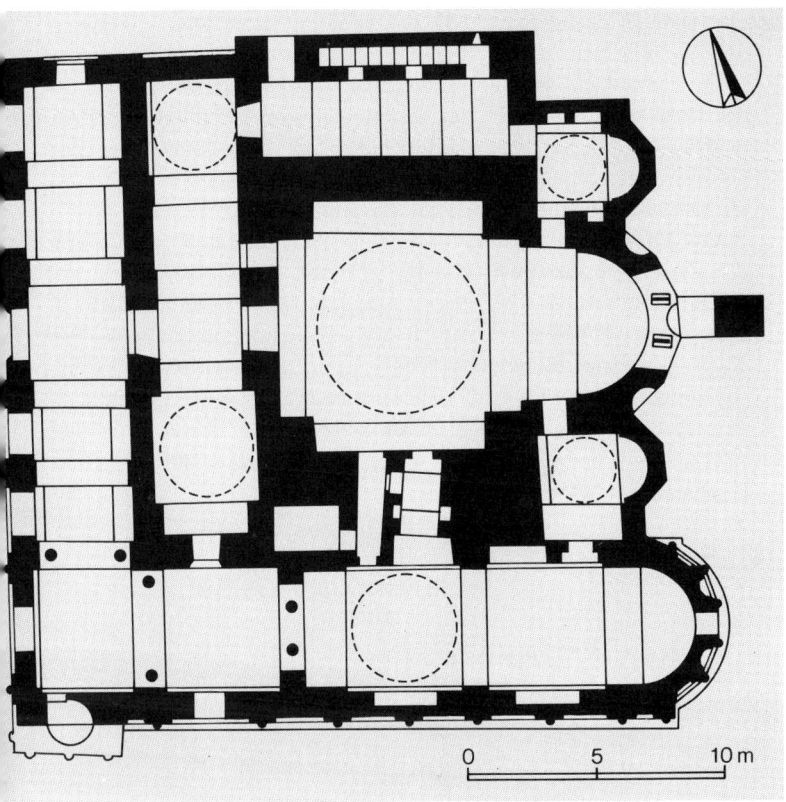

Istanbul, Chorakirche (Kariye Camii)

aufgrund der vergleichbaren Kirchen die größere Wahrscheinlichkeit besitzt. Der Bau erhebt sich über einer als Zisterne genutzten Substruktion, die früher vermutlich im Außenbau stärker in Erscheinung trat. Die Wände der Zisterne gehören noch einem Vorgängerbau an, während die Gewölbe gleichzeitig mit der heutigen Kirche errichtet wurden. Die *Pammakaristoskirche* wurde einigen Umbauten unterworfen und im Süden durch eine spätbyzantinische Kapelle erweitert. Zwischen 1456 und 1568 diente die Anlage als Sitz des Patriarchats von Konstantinopel. Beim Umbau der Kirche in eine Moschee wurde die Ostwand mit ihrer Apsis abgerissen und durch einen kurzen, nach Mekka ausgerichteten Anbau ersetzt. Den byzantinischen Charakter hat die Kreuzkuppelanlage der *Pammakaristoskirche* am besten in ihrem Außenbau bewahrt, deutlich ablesbar an den Schildwänden mit ihren abgestuften Bogenführungen sowie an dem durch halbrunde Vorlagen gegliederten und mit großen Fenstern versehenen Tambour.

Das Pantokratorkloster, die heutige *Zeyrek Camii*, wurde von der Kaiserin Irene (gest. 1124) gegründet. Als die Stifterin starb, war der Bau des Klosters, dessen Architekt der Überlieferung nach Nikephoros Bazaleel war, noch nicht vollendet und wurde von Kaiser Johannes Komnenos, Irenes Gemahl, fortgeführt. Die ursprüngliche Planung wurde dabei offenbar ausgeweitet; denn nach der Fertigstellung der *Pantokratorkirche* ließ Kaiser Johannes nördlich davon die Kirche *S. Eleusia* errichten, die ungefähr

Istanbul, Pammakaristoskloster (Fethiye Camii); links die Pammakaristoskirche, vorn das (jüngere) Paraëkklesion

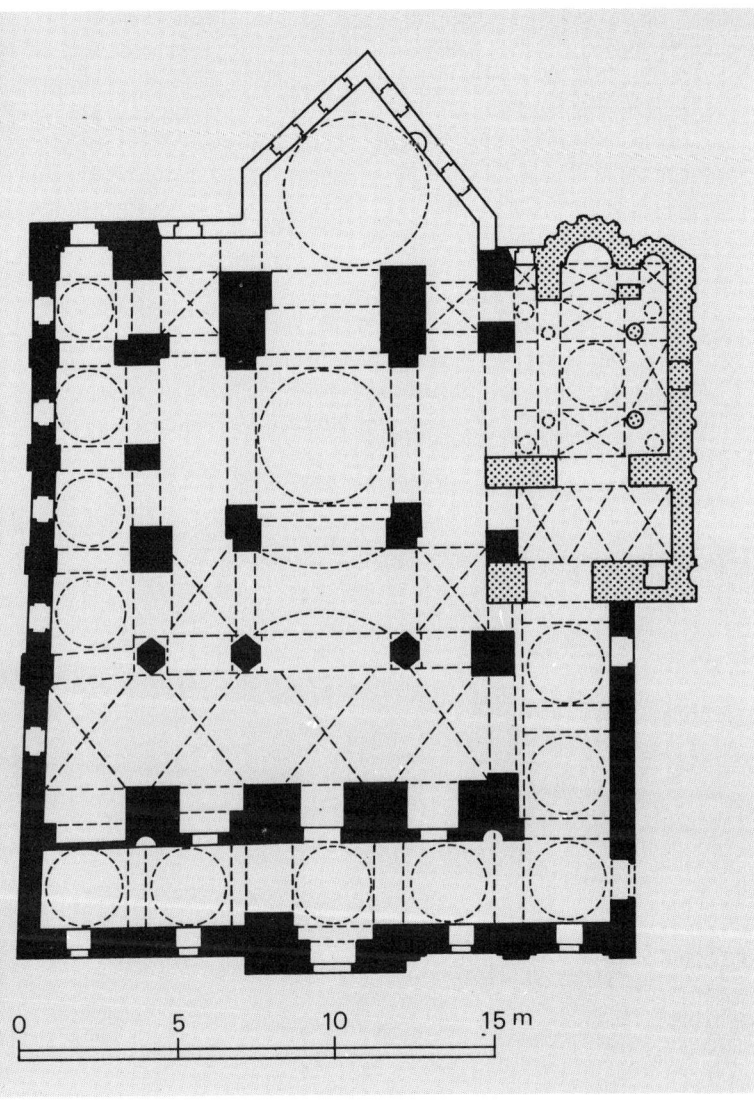

Istanbul, Pammakaristoskloster (Fethiye Camii) (Norden links)

1136 fertig gewesen sein muß. Der zwischen diesen beiden Anlagen verbliebene Raum wurde schließlich mit der Kirche S. *Michael* ausgefüllt, die als Grablege der Komnenen Verwendung finden sollte. Diesem Baukomplex kommt bei der Entwicklung der byzantinischen Architektur besondere Bedeutung zu. Da diese Kirchen aufgrund der Quellen recht genau datiert werden können, läßt sich beim Pantokratorkloster der Entwicklungsabschnitt, der den Zeitraum etwa einer Generation umfaßt, kontinuierlich nachzeichnen.

Die *Pantokratorkirche* und *S. Eleusia* gehören dem Typ der Kreuzkuppelkirche an, während *S. Michael* einen etwas unregelmäßigen, einschiffigen Grundriß aufweist und mit einer Tambourkuppel über dem Schiff und einer querovalen Kuppel im Chorbereich gedeckt ist. Alle drei Kirchen besitzen eine gemeinsame westliche Vorhalle, die im Bereich der *Pantokratorkirche* um einen Exonarthex nachträglich erweitert wurde.

Istanbul, Pantokratorkloster (Zeyrek Camii); links die Pantokratorkirche, in der Mitte S. Michael, rechts S. Eleusia

Istanbul, Pantokratorkloster (Zeyrek Camii); rechts S. Eleusia, links S. Michael

Von ihrem räumlichen Aufbau her stellen die drei Kirchen des Pantokratorklosters keine Weiterentwicklung des Kreuzkuppelschemas dar; allerdings übertreffen sie die vergleichbaren mittelbyzantinischen Kirchen an Größe, sogar die auf eine archaischere, monumentalere Grundrißform zurückgehende *Gül Camii*. Besondere Aufmerksamkeit verdienen die Ostseiten der drei Kirchen, die einem von Nord nach Süd verlaufenden Geländeeinschnitt zugewandt sind und von dieser Seite her wie ein Wahrzeichen wirken: Alle Apsiden besitzen Tripelfenster von steiler Proportionierung; die verbleibenden Wandflächen sind durch Nischen gegliedert, die in ihrer Gestaltung jenen der *Gül Camii* und der *Chorakirche* ähneln. Während dort jedoch die Nischen gleichsam von einer gestuften Rahmung umgeben sind, werden sie bei der *Pantokratorkirche, S. Eleusia* und *S. Michael* – bis auf wenige Ausnahmen –

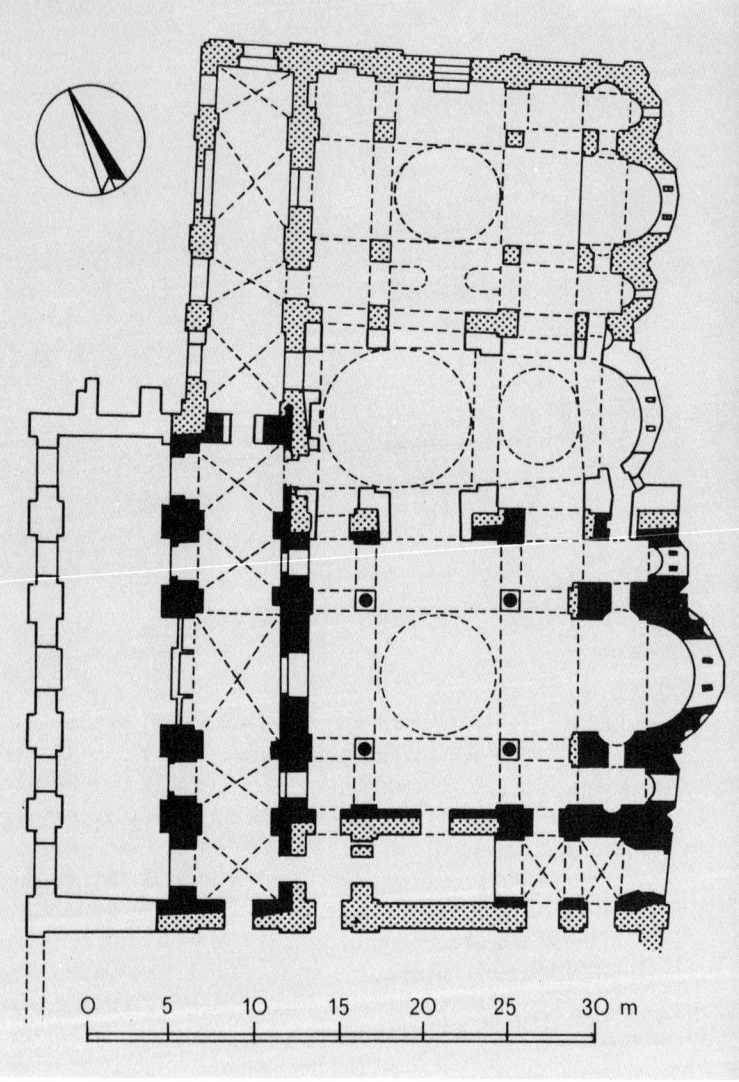

Istanbul, Pantokratorkloster (Zeyrek Camii). Grundriß: nach Megaw unmittelbar in die Mauersubstanz eingetieft. Bei der Mittelkirche *S. Michael*, der jüngsten der Gesamtanlage, nehmen an der Apsis die Nischen jeweils fast die gesamte Breite der Polygonseiten ein, so daß nur noch die Kanten der Polygonflächen belassen sind. Auf diese Weise erhält die Apsis in der Nischenzone eine wellenartige Oberflächenstruktur, bei der jede Flächenhaftigkeit der Wand zugunsten räumlich-plastischer Wirkung aufgegeben worden ist.

Die kaiserliche Stiftung des Pantokratorklosters muß einer der großartigsten Baukomplexe Konstantinopels gewesen sein. Davon zeugen heute noch die Größe und die exponierte Lage auf einem Hügel der Stadt. In der lange Zeit ungenutzten *Pantokratorkirche* sind beträchtliche Teile der ursprünglichen Ausstattung mit Marmorplatten und der Fußboden aus Opus sectile erhalten. Die Tripelfenster der Apsis besaßen in byzantinischer Zeit Glasgemälde; Reste dieser Scheiben fand man in einem Substruktionsgewölbe unter der Apsis, das man bei der Umwandlung der Kirche in eine Moschee mit Bauschutt gefüllt hatte. Ein weiteres Kunstwerk, das einen Eindruck vom Reichtum des Klosters vermittelt, ist die unter reicher Verwendung von Gold aus vielen in Zellenschmelz-Technik hergestellten Emailplatten zusammengesetzte Pala d'Oro, die nach der Plünderung Konstantinopels durch die Kreuzfahrer in die Markuskirche in Venedig gelangte.

Aus dem späten 12. Jahrhundert stammt die *Kalenderhane Camii*. Früher hielt man diese Kirche (die fälschlich mit dem Akataleptoskloster identifiziert wurde) für einen Bau des 9., des 8. oder sogar des 7. Jahrhunderts – nicht zuletzt wegen der Übereinstimmungen, die zwischen ihr und der *Koimesiskirche* in Nizäa sowie der (lange Zeit ebenso falsch datierten) *Gül Camii* in Konstantinopel bestehen. Die *Kalenderhane Camii*, deren Apsis in türkischer Zeit entfernt wurde, ist in ihrem räumlichen Aufbau durch ein Tonnenkreuz mit einer zentralen Tambourkuppel bestimmt, die von massiven Wandteilen getragen wird; die Bereiche in den Ecken des Tonnenkreuzes sind zweistöckig ausgebildet. Diese Charakteristika, besonders des konstruktiven Aufbaues, führten zu dem Schluß, daß die *Kalenderhane Camii* eine Vorstufe der mittelbyzantinischen Kreuzkuppelkirche darstellen müsse, also einem Bautypus angehöre, der seine Wurzeln in der frühbyzantinischen

Zeit habe. Wie bei der *Gül Camii* hat sich auch bei der *Kalender-hane Camii* gezeigt, daß solche grundrißtypologischen Überlegungen nicht die einzige Grundlage einer Datierung sein können. Offenbar kann in mittelbyzantinischer Zeit von einer Alleinherr-schaft des Kreuzkuppeltypus nicht die Rede sein; vielmehr hat es weiterhin auch Kirchenanlagen gegeben, die »archaischer« waren.

Die Untersuchungen der *Kalenderhane Camii* ergaben, daß sich der Komplex in verschiedene, einander ablösende oder ergänzende Bauperioden gliedern läßt. Einem Münzfund zufolge ist der be-stehende Kirchenbau den letzten Jahrzehnten des 12. Jahrhunderts zuzuweisen. Bei den Grabungen wurde ferner festgestellt, daß sich im N und S, an den Längsseiten des Kirchenraumes »Seitenschiffe« befunden haben. Dieser archäologische Befund ist jedoch unter dem Aspekt der Raumordnung der Kirche nicht ganz einfach zu interpretieren. Die Schildwände der nord-südlich verlaufenden Kreuzarme der Kirche besaßen jeweils in ihrem unteren Bereich (ähnlich wie die *Theotokoskirche* des Lipsklosters) zum benach-barten »Seitenschiff« eine Tripelarkade, die jedoch offenbar nicht als Durchgang diente, denn Bearbeitungsspuren an den Säulen der

Arkatur beweisen, daß sich zwischen ihnen fest eingebundene Brüstungsplatten befanden. Unter diesen Umständen kann man die Räume, welche die bestehende Kirche seitwärts begleiten, eher als Umgang denn als Nebenschiffe im üblichen Sinne charakterisieren.

Nachdem die Hauptbeispiele der mittelbyzantinischen Architektur Konstantinopels vorgestellt worden sind, erscheint es sinnvoll, die bestimmenden Gestaltungsmerkmale dieser Bauten noch einmal im Zusammenhang zu betrachten:

Die mittelbyzantinischen Kirchen sind fast ausnahmslos komplizierte Raumgebilde, deren additiver räumlicher Aufbau ganz auf die zentrale Tambourkuppel ausgerichtet ist. Am häufigsten begegnet uns der Typ der Kreuzkuppelkirche, die bis zu fünf Kuppeln aufweisen kann. Daneben scheint auch die genealogisch ältere Form der Kuppelbasilika mit Emporen weiterhin von Bedeutung gewesen zu sein, wenn auch die Kuppelbasiliken der mittelbyzantinischen Zeit in ihrer formalen Durchgliederung viele gestalterische Details von der Kreuzkuppelkirche übernommen haben.

Dominierte in frühbyzantinischer Zeit die Monumentalität, die durch die Größe der Bauten erreicht wurde, so wirken die mittelbyzantinischen Kirchen eher grazil. Ihre städtebauliche Akzentuierung und damit gleichsam eine andere Form der Monumentalisierung erhalten diese Bauten durch die Verwendung von Substruktionsanlagen.

Diese Substruktionen haben nichts mit der bei romanischen Kirchen gebräuchlichen Bauform der Krypta oder Unterkirche gemeinsam. Vielmehr wurden sie in aller Regel für profane Zwecke genutzt. Bei der *Pantepopteskirche* und der *Pammakaristoskirche* beispielsweise dienten sie als Zisternen, in die man das Regenwasser von den Dächern leitete. Die Substruktionen der *Bodrum Camii* und der *Gül Camii* wurden offenbar als Lagerräume verwendet. Neben profanen Verwendungsmöglichkeiten boten Substruktionen im Hinblick auf Kirchen und andere Bauten die Möglichkeit, bei den hügeligen, unebenen Geländeverhältnissen Konstantinopels ohne Planierarbeiten gleichsam künstliche, ebene Bauplätze für ganze Gebäudekomplexe zu konstruieren. Bei der *Gül Camii* war die Substruktion in ihrer Ausdehnung erheblich größer, als für den Kirchenbau nötig gewesen. Die heute nur als Fragment erhaltenen Substruktionen westlich von der Kirche dienten wohl einem zugehörigen Baukomplex, vielleicht dem Kloster.

Substruktionen erfüllten demnach einen vielschichtigen Zweck, und man verstand es, sie für die Wirkung der Kirchenbauten nutzbar zu machen. Indem sie so konzipiert wurden, daß sie über dem Erdboden als ein Baublock in Erscheinung traten, erreichte man eine Höhenbetonung, welche die allgemeine Vorliebe der Zeit für schlanke, fast übersteigerte Proportionierungen deutlich macht.

Die Ausgestaltung von Kirchenräumen mit kostbaren, verschiedenfarbigen, klappsymmetrisch geschnittenen Marmorplatten und mit Mosaik in der Gewölbezone wurde wie bei frühbyzantinischen Bauten gehandhabt. Dieses Schmuckbedürfnis übertrug sich in mittelbyzantinischer Zeit intensiver als zuvor auf die Außenbaugestaltung der Kirchen. Der räumliche Aufbau des Kircheninnern wurde zur Grundlage für die Gliederung der Außenmauern: Die Schildwände des Tonnenkreuzes wurden wie die Wandteile, hinter denen sich die Eckkompartimente befinden, von gestuften Blendbögen eingefaßt, die zugleich die Kurvatur des Dachansatzes bestimmten. Man konzentrierte sich insbesondere auf die Wandgliederung der Apsidenseiten als den liturgisch bedeutsamsten Bauteilen.

Dabei bildete man mit Rechteck- und Rundnischen, die in die Mauersubstanz eingetieft wurden, das dominante Gliederungsmotiv. Bei den mittelbyzantinischen Bauten Konstantinopels begegnet uns eine solche Nische erstmals bei der Hauptapsis der *Theotokoskirche* des Lipsklosters, wo sie der Mauerfläche oberhalb des Fensters einen optischen Akzent verleiht.

Was bei der Nordkirche des Lipsklosters noch wie ein erster Versuch wirkt, wird bei der *Pantepopteskirche* offenbar gezielter und gestalterisch bewußter angewandt. Die obere, über den Fenstern gelegene Wandfläche der polygonalen Apsis ist durch Nischen gegliedert, die – entsprechend der zur Verfügung stehenden Fläche – ein ausgeglichenes Verhältnis von Höhe zu Breite besitzen. Die Verwendung von Nischen gerade im Wandbereich oberhalb der Apsisfenster ist nicht zufällig; denn da sich im Inneren der Kirche die Halbkuppel der Apsis befindet, ist an dieser

Stelle eine Gliederung oder Auflockerung der Wand durch Fenster nicht möglich.

Zwischen der Gliederung an der *Pantepopteskirche* und an der *Kilise Camii* besteht ein nicht geringer Qualitätsunterschied. Hier werden erstmals die Polygonseiten der Hauptapsis vollständig in Nischenfelder gegliedert. Dabei ist es auffällig – und damit steht die *Kilise Camii* im Gegensatz zu den übrigen vergleichbaren Kirchen Konstantinopels –, daß neben drei Rundnischen auch Rechtecknischen vorkommen, die das Mauerwerk weniger plastisch strukturieren als Rundnischen. Das Ornamentsystem ist mit dem der anderen Bauten nur beschränkt vergleichbar, so daß auch auf diesem Wege eine genauere zeitliche Bestimmung der *Kilise Camii* nicht möglich ist.

Dieser Nischenschmuck scheint sich in mittelbyzantinischer Zeit, nun in die Außenbaugestaltung eingeführt, rasch zu hoher Qualität entwickelt zu haben. Nach gegenwärtiger Kenntnis wurde die *Gül Camii* nur etwa eine Generation später errichtet als die *Pantepopteskirche*, das Nischenornament der Ostseite ist jedoch in dieser Zeitspanne zu einer Schmuckform geworden, die souverän beherrscht wird. Während die Hauptapsis der *Gül Camii* in späterer Zeit nach einer Beschädigung vereinfacht wieder aufgebaut wurde, haben die Nebenapsiden ihre originale Gestalt fast vollkommen bewahrt. Die zur Verfügung stehende Wandfläche, welche durch Nischen belebt wurde, ist aufgrund der Zweistöckigkeit der Kirche erheblich größer als bei den kleineren Kreuzkuppelkirchen. Bei fast vollständiger Auflösung der Mauersubstanz in kleine und sehr hoch proportionierte Nischen kann man kaum noch von einer Flächigkeit der Außenmauer sprechen, vielmehr besitzen die Wände eine räumliche Qualität.

Beim Zerlegen der Mauerflächen in Nischenformen – für das letzte Jahrhundert der mittelbyzantinischen Epoche, für die Zeit bis zur Eroberung Konstantinopels durch die Kreuzfahrer 1204 offenbar ein verbindliches Stilmerkmal – ging man bei den drei Kirchen des Pantokratorklosters bis fast an die Grenze der Möglichkeiten.

Die Apsiden der mittelbyzantinischen Zeit, besonders des 12. Jahrhunderts, zeichnen sich durch Wiederholung und Variation gleichartiger Nischenmotive aus. Diesem Grundprinzip entspricht ein weiteres Merkmal, das aus frühbyzantinischer Zeit stammte, aber seine formale Ausweitung und Bereicherung in mittelbyzantinischer Zeit erfuhr und seinen gestalterischen Höhepunkt in den letzten Jahrhunderten des Byzantinischen Reiches fand: Diese Gestaltungsform läßt sich als »dekorative Ziegelsetzung« bezeichnen. Das Baumaterial Ziegel wurde nicht nur so vermauert, wie es für die Errichtung einer Wand notwendig und zweckmäßig ist, sondern auch an bestimmten, geeignet erscheinenden Stellen des Außenbaues in abstrakter Musterung angeordnet. Während man in frühbyzantinischer Zeit einen das Mauerwerk optisch belebenden Effekt dadurch erzielte, daß man Stein- und Ziegelmaterial in regelmäßigem Wechsel in der Art vermauerte, wie es noch heute gut an der *Landmauer* oder beim *Johannes-Studios-Kloster* in Konstantinopel zu sehen ist, stellt die ornamentale Vermauerung von Ziegeln ein völlig neues Gestaltungselement im ästhetischen Bereich dar.

Solche dekorativen Ziegelsetzungen bezogen sich in mittelbyzantinischer Zeit stets auf die oberen, in der Ansicht bogenförmigen Teile der Blendnischen, unabhängig davon, ob sie im Grundriß rechteckig oder kreissegmentförmig waren. Schon bei der bescheidenen Nische an der Mittelapsis der *Theotokoskirche* des Lipsklosters sind die Ziegel radial zum Nischenbogen angeordnet. Dieses Grundmotiv wird in der Folgezeit zu M-, W- oder Zickzack-Formen variiert, die den oberen Teil der Nischen besonders betonen sollen. Ornamental akzentuiert werden auch Zwickel zwischen zwei benachbarten Nischen- oder Fensterbögen, indem einzelne Ziegel senkrecht stehend auf die waagerechten bezogen werden.

Dem erhaltenen Denkmälerbestand zufolge war in Konstantinopel die Variationsbreite dieser dekorativen Ziegelsetzungen in mittelbyzantinischer Zeit gering und stand damit im Gegensatz zum Schmuckrepertoire, das gleichzeitig in Griechenland Anwendung fand.

Eine hauptstädtische Ausnahme nur bildete in dieser Hinsicht möglicherweise die *Pantepopteskirche*. An ihrer Südseite wird die Wandstruktur durch ein Mäanderband sowie durch Kreisformen aufgelockert; in einem Bogen sind die Ziegel rechtwinklig einander so zugeordnet, daß das Muster an ein Korbgeflecht erinnert.

In direktem Zusammenhang mit den Nischendekorationen und der Ziegelornamentik ist eine Mauertechnik zu sehen, die gemeinhin als typisch für mittelbyzantinische Architektur angesehen wird. Ihre Bezeichnung »Verdeckte-Schicht-Technik« enthält schon eine stichwortartige Beschreibung: Zwischen zwei sichtbaren Ziegellagen befindet sich jeweils eine weitere, deren Vorderkante zurückgesetzt ist und von Mörtel verdeckt wird. Dadurch erscheinen die horizontalen Mörtelfugen etwa doppelt so hoch wie eine Ziegelstärke.

Eine derart breite Mörtelverfugung liegt rund 2 cm hinter den Vorderseiten der sichtbaren Ziegel. Auch bei dem aus Stein- und Ziegelmaterial bestehenden Mischmauerwerk liegt zwischen zwei Steinlagen jeweils eine zurückgesetzte, von Mörtel verdeckte Ziegellage. Das älteste Beispiel, das diese Mauertechnik aufweist, ist eine Reparatur an der *Grabeskirche* in Jerusalem, die der byzantinische Kaiser Konstantin IX. Monomachos (1042–55) im Jahre 1048 ausführen ließ. Ausbesserungen, die nach dem Erdbeben von 1065 an Kirchen in Nizäa durchgeführt wurden, zeigen ebenfalls diese Mauertechnik; das erste Beispiel in Konstantinopel ist die *Pantepopteskirche*. Die aus der zweiten Hälfte des 11. und aus dem 12. Jahrhundert stammenden Bauten, die in Verdeckter-Schicht-Technik errichtet wurden, können jedoch nicht die ältesten Repräsentanten dieser Mauertechnik darstellen: In Kiew wurden seit dem 10. Jahrhundert – unter unmittelbarem Einfluß von Byzanz – einige Kirchen in Verdeckter-Schicht-Technik gebaut. Man muß in dieser Technik mehr sehen als nur eine bautechnische Eigenart; vielmehr kommt diese Mauerweise den allgemeinen Gestaltungsprinzipien des 11. und 12. Jahrhunderts entgegen. Erfahren die Wandflächen durch Nischen und Vorlagen sowohl eine Gliederung als auch optische Belebung, so bestimmt die Verdeckte-Schicht-Technik, bei der Ziegel und Mörtel in verschiedenen Ebenen liegen, die Struktur der Oberflächen des gesamten Außenbaues.

Jede plastisch aus der Vermörtelung vortretende Ziegellage wirft einen Schatten auf das darunterliegende Mörtelband. Dadurch wird eine Belebung des Mauerwerks durch Licht- und Schattenzonen erreicht, die sich ständig mit dem Stand der Sonne und der Intensität des Lichtes ändern (vergleichbar den Nischen, die je nach Sonnenstand eine unterschiedliche plastische Wirkung zeigen).

Die zahlreiche Anwendung der Verdeckten-Schicht-Technik wird nicht allein ästhetisch, sondern auch handwerklich begründbar sein. Aufgrund der zurückgesetzten Ziegel besaß das Mauerwerk breite Mörtelbänder, so daß der Arbeitsgang des Ausfugens vereinfacht wurde. Wie lange die Verdeckte-Schicht-Technik eine bevorzugte Mauerweise war, ist nicht bekannt. Man nimmt allgemein an, daß sie nach Konstantinopels Eroberung durch die Kreuzfahrer 1204 und dem darauf folgenden Lateinischen Kaiserreich nicht mehr vorkam. Diese zeitliche Begrenzung ist jedoch nur als Anhaltspunkt zu verstehen. Bei einer als *Ese Kapi Mescidi* bekannten Kirche(nruine) aus spätbyzantinischer Zeit begegnet uns ebenfalls die Verdeckte-Schicht-Technik, allerdings in einer Variante, bei der die unsichtbaren Ziegel eine geringere Stärke haben als die sichtbaren. Auch in Griechenland, wo die Verdeckte-Schicht-Technik offenbar erst später als in Byzanz angewandt wurde, scheint es Beispiele aus spätbyzantinischer Zeit zu geben. Die Ende des 12. Jahrhunderts entstandene *Kalenderhane Camii* zeigt diese Technik nicht mehr.

In Griechenland blieb eine große Zahl byzantinischer Bauten erhalten, von denen nur einige, häufig von hauptstädtischen Würdenträgern gestiftete Anlagen das künstlerische Niveau Konstantinopels erreichen. Aufgrund topographischer Abgeschiedenheit wurden weite Landstriche Griechenlands, besonders die Peloponnes und etliche Inseln, von den Ausstrahlungen des künstlerischen Zentrums Konstantinopel nur schwer erreicht, so daß ihre Kirchen einen provinziellen, gestalterisch weniger anspruchsvollen Charakter nicht leugnen können.

Unter bautypologischem Aspekt betrachtet umfassen die mittelbyzantinischen und spätbyzantinischen Bauten Griechenlands alle Grundrißmöglichkeiten der byzantinischen Architektur: bescheidene Saalkirchen und Kapellen, altertümlich anmutende Basiliken, Kuppel- und Kreuzkuppelbasiliken, verschiedene Varianten der Kreuzkuppelkirche sowie Kirchen des im hauptstädtischen Bereich nicht mehr erhaltenen »Acht-Stützen-Typus«. Was der griechischen Architektur eine für die Kulturlandschaft bezeichnende Komponente verleiht, ist weniger in der räumlichen Gestaltung und dem räumlichen Aufbau, sondern eher im ornamentalen Bereich zu suchen, in der äußeren Formgebung der Raumkörper und der Wandstruktur.

Gleichsam als eine Vorform der mittelbyzantinischen Kreuzkuppelkirche kann die emporenlose Kuppelbasilika *Panhagia* in Skripu gelten, die einer Inschrift zufolge 873–74 zu Ehren der Gottesmutter erbaut wurde. Der Grundriß der Kirche ist einzigartig und besitzt (außer einem weiteren Bau in Griechenland) im byzantinischen Kerngebiet keine Parallele. Schon das Baumaterial weicht vom üblichen ab: Steinquader antiker Bauten. Das längsgerichtete, mit einem Tonnengewölbe gedeckte Hauptschiff wird von gleichartig gewölbten Nebenschiffen begleitet, welche jedoch nicht durch eine Arkatur, sondern durch massive Wände abgetrennt sind. Lediglich im westlichen und östlichen Drittel der Kirche ermöglicht eine bescheiden dimensionierte Bogenöffnung den

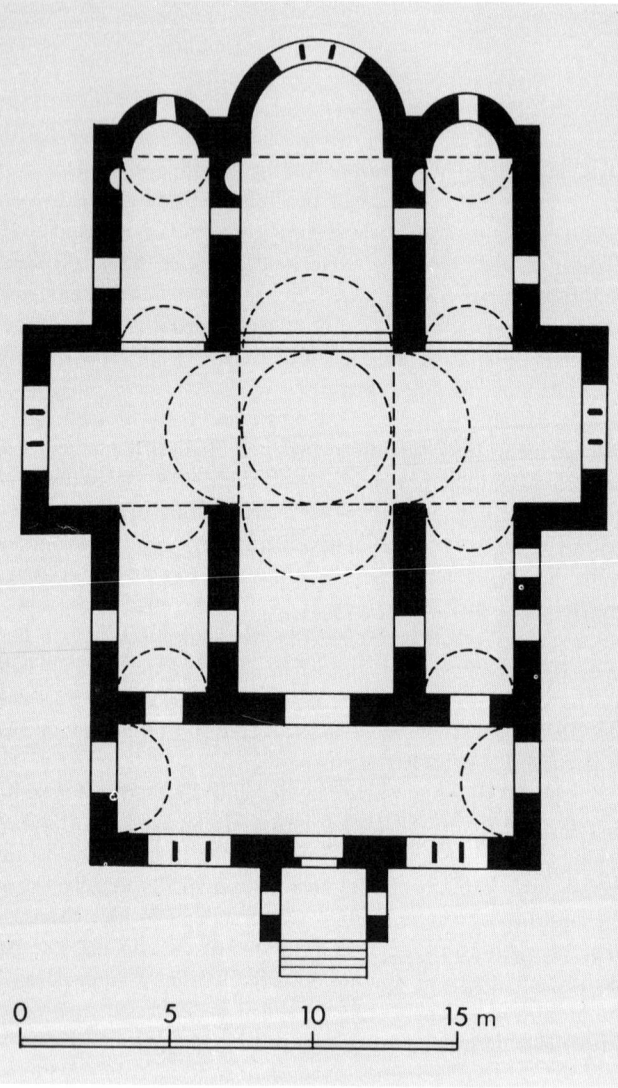

0   5   10   15 m

Skripu, Panhagia. Grundriß: nach Soteriou (Norden links)

Zugang zum nördlichen und südlichen Seitenschiff. Das Langhaus wird etwa auf der Mitte seiner Längserstreckung von einem Querschiff durchkreuzt, das die Ausmaße des Hauptschiffes besitzt. Die dabei entstehende Vierung wird von einer Kuppel in einem sechzehneckigen Tambour überdeckt. Im Außenbau tritt das Querschiff über die Längsflucht der Seitenschiffe hinaus, so daß die kreuzförmige Raumordnung stark betont ist. Es handelt sich nicht um eine Basilika im üblichen Sinne; vielmehr bildet die Durchkreuzung von Haupt- und Querschiff eine Einheit, während die Nebenschiffe, die sich in den Ecken des Grundrißkreuzes befinden, als weitgehend selbständige Raumeinheiten zu verstehen sind. Die Gliederung in einen kreuzförmigen Hauptraum und untergeordnete Eckräume verbindet diese Kirche weitläufig mit mittelbyzantinischen Kreuzkuppelkirchen. Trotz der betonten Ost-West-Richtung der Anlage liegt der Hauptakzent beim Kuppelquadrat. Dieses Hervorheben ist das Resultat nicht nur der architektonischen Gestaltung, sondern auch der Lichtführung. Auf Fenster in der Hochwand des Hauptschiffes wurde verzichtet; hingegen finden sich Fenstergruppen in den Schildwänden der Kreuzarme sowie im Kuppeltambour; auf diese Weise wird der Zentralraum durch den auf ihn ausgerichteten mittelbaren und unmittelbaren Lichteinfall betont. Von ihrem räumlichen Aufbau her ist die *Panhagia* in Skripu ein Mischtypus, bei dem die basilikale Grundform durch die Einbeziehung von Charakteristika einer Kreuzkuppelkirche neu interpretiert wurde.

In der kleinen westmakedonischen Stadt Kastoria haben sich einige Kirchen erhalten, die dem 9. und 10. Jahrhundert zuzurechnen sind und als bezeichnend gelten können für die Architektur in einem immer wieder von außen bedrohten Randgebiet der Provinz Griechenland. Die Kirche *Hagios Stephanos* ist eine reine Basilika; von ihrer Disposition her provinziell-rustikal zu nennen, zeigt sie jedoch Merkmale, die auch die jüngeren Kirchen der Stadt besitzen. Das Hauptschiff dieser kurzen Basilika ist fast unproportioniert hoch über die Dächer der Seitenschiffe hinaufgezogen. Das östlich an das Mittelschiff angefügte Chorjoch besitzt ein eigenes Dach, das niedriger als das des Hauptschiffes und nur wenig höher als das der Nebenschiffe ist. Im W ist dem Bau in

Kastoria, Hagii Anarghyri; Ansicht von Südosten

voller Breite ein Narthex vorgelagert, über dem sich eine zum Schiff hin offene Empore befindet. Im Vergleich mit den meisten anderen Bauten Griechenlands, bei denen die architektonischen Einzelelemente in einem ausgewogeneren Verhältnis zueinander stehen, sind die Teilräume in *Hagios Stephanos* starr voneinander getrennt und auch im Außenbau kaum aufeinander abgestimmt. Bemerkenswert ist die Behandlung der Außenmauern, die sich durch eine sehr einfallsreiche Kombination der Baumaterialien Stein und Ziegel auszeichnen: Steinquader werden von Ziegeln eingefaßt; Ziegel sind senkrecht und schräg vermauert und zu buchstabenartigen Formen zusammengefügt worden; unterhalb des Dachansatzes findet sich beim Hauptschiff über einem Zahnschnittfries ein Band von plattenförmig vermauerten Ziegeln.

Auch die Kirche *Hagii Anarghyri* in Kastoria, ebenfalls eine Basilika, besitzt ein sehr hochgezogenes Mittelschiff, das durch Zwillingsfenster belichtet wird. Sowohl das Hauptschiff als auch die Nebenschiffe sind mit Tonnengewölben eingedeckt; die für Basiliken charakteristische Durchlässigkeit zwischen diesen Teilräumen fehlt weitgehend. Das vor der Apsis liegende Chorjoch besitzt auch hier ein kleines separates Dach. Der Narthex ist jedoch im Gegensatz zu *Hagios Stephanos* vollkommen in den Baukörper integriert; denn den Außenwänden fehlt gestalterisch die Zäsur zwischen Schiffs- und Narthexbereich, sie ist lediglich in der Dachzone ablesbar. Beide Basiliken sind durch ein gewisses Unvermögen gekennzeichnet, die einzelnen Teilräume zu einer architektonischen Gesamtheit zusammenzufügen. Im Innern der Kirchen tritt diese Schwäche weitaus weniger in Erscheinung als am Außenbau. Hier scheint sich mit bescheideneren Mitteln eine ähnliche Gestaltungsabsicht auszudrücken, wie sie die »große Architektur« der Zeit bestimmt: Ohne Verwendung einer Kuppel versuchte man, durch ein sehr kurzes, aber hohes Mittelschiff und die

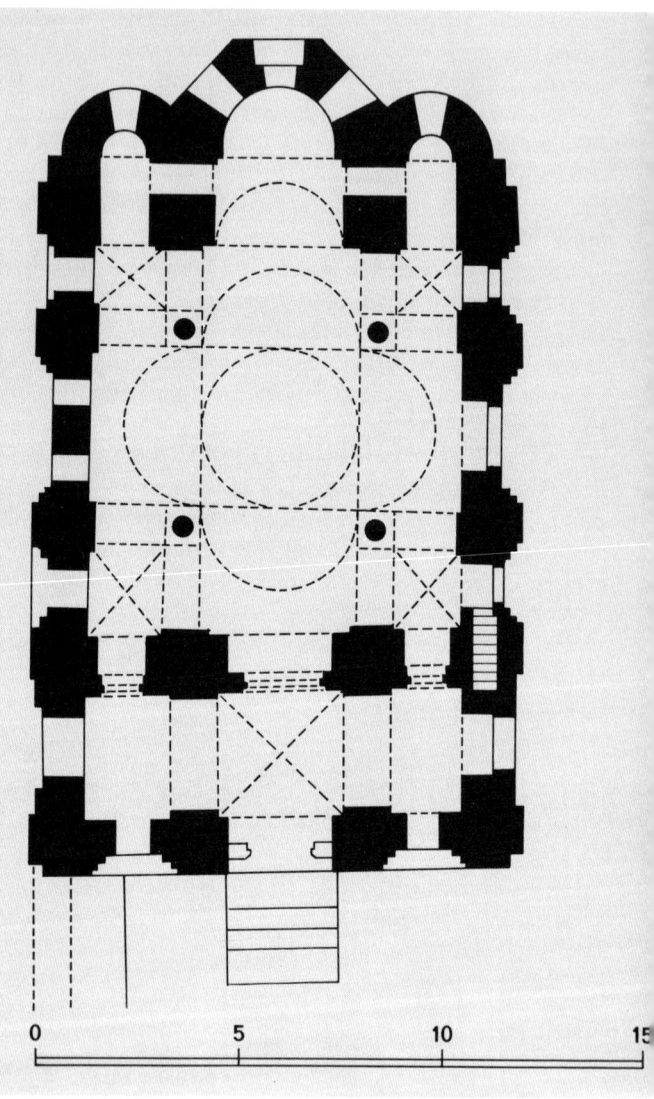

Saloniki, Panhagia ton Chalkeon (Norden links)

Gruppierung von Fenstern auf den Lang- und Schmalseiten des Hochschiffes eine Raumzentralisierung zu erreichen.

Daß man in Kastoria durchaus in der Lage war, einen Bau mit wohlausgewogenen Proportionen zu errichten, zeigt die Kirche *Panhagia i Kumbelidiki,* die nicht viel später, wohl im 11., vielleicht noch im 10. Jahrhundert entstand. Diese kleine Anlage gehört zum Dreikonchentyp. Sie ist mit einem äußeren und einem inneren Narthex versehen, die beide etwas schmäler als die Kirche sind. Das Zentrum des Kirchenbaues bildet ein quadratischer Raum, der mit einer Kuppel in einem runden Tambour überhöht ist. Dieses Kuppelquadrat ist kreuzförmig erweitert. Im N, O und S folgt auf ein kurzes Tonnengewölbe von der Breite eines Gurtbogens jeweils eine halbrunde Konche; im W schließt sich ein kurzes, rechteckiges Schiff an. Diese räumliche Konstellation spiegelt sich im Außenbau vollkommen wider: Die Vorhallen sind zu einem Baublock mit gemeinsamer Überdachung zusammengefaßt; das Zentralquadrat besitzt ein eigenes Dach, aus dem der runde Kuppeltambour herauswächst; auch die kurzen Vorjoche der niedriger gehaltenen Konchen besitzen ebenso wie das Schiff kleine Satteldächer.

Von einer Unsicherheit in der Proportionierung und in der Ordnung der Teilräume zueinander ist bei der *Panhagia i Kumbelidiki* nichts zu bemerken. Daß auch diese Kirche zu der Gruppe der Bauten kastorianischer Prägung zu rechnen ist, wird bei der ornamentalen Behandlung des Mauerwerkes offensichtlich, die mit *Hagios Stephanos* und *Hagii Anarghyri* weitgehend übereinstimmt: Auf zwei Lagen Ziegel folgt eine Lage grob behauener Bruchsteine, deren senkrechte Kanten nicht aneinanderstoßen, sondern einen Zwischenraum lassen, in dem Ziegel senkrecht und schräg buchstaben- und monogrammartig vermauert sind. Die Höhe des Fensteransatzes wird im östlichen Teil der Kirche, der aufwendiger geschmückt ist als das Schiff und die beiden Vorhallen, durch einen umlaufenden Zahnschnittfries markiert; Zahnschnitt zeichnet auch die Rundbogenfenster der Kirche nach. Der runde, mit vier Fenstern versehene Kuppeltambour besitzt den aufwendigsten Schmuck, der sich friesartig von Mauerschicht zu Mauerschicht ändert. Die Maueroberfläche erhält auf diese Weise eine durch die Stein-, Ziegel- und Mörtelfarbe bestimmte Polychromie und eine an Stickerei erinnernde Oberflächenstruktur.

Eine völlig andersartige, wenn auch etwa gleichzeitige Architektur begegnet uns in der *Panhagia ton Chalkeon* in Saloniki. Die an der den Orient und Okzident verbindenden reichsrömischen Handelsstraße Via Egnatia gelegene Hafenstadt besitzt eine bis in die Frühzeit zurückgehende christliche Tradition. Von ihrer Bedeutung her kommt ihr innerhalb des byzantinischen Kulturkreises zweifellos die zweite Stelle hinter der Hauptstadt Konstantinopel zu.

Die *Panhagia ton Chalkeon* stiftete, wie auf dem Architrav über dem westlichen Eingangsportal zu lesen ist, 1028 der im Hofrang eines Prothospatarios stehende Christophoros, Befehlshaber in Apulien. Die Anlage besitzt den Grundriß einer hauptstädtischen Kreuzkuppelkirche mit Tonnenkreuz und kreuzgratgewölbten Eckkompartimenten. Der oktogonale Kuppeltambour ruht auf vier Säulen. Im Westen befindet sich eine Vorhalle, über der als zweites Stockwerk eine zum Kirchenraum hin offene Empore liegt. In der räumlichen Gestaltung läßt sich die *Panhagia ton Chalkeon* mit der *Theotokoskirche* des Lipsklosters in Konstantinopel vergleichen. Was die Kirche in Saloniki jedoch von Bauten der Hauptstadt unterscheidet, ist die Gestalt ihres Äußeren. Die Raumkörper sind wie bei den Kreuzkuppelkirchen Konstantinopels klar ablesbar, aber es fehlt die für hauptstädtische Bauten charakteristische Plastizität der Wandgestaltung.

Durch ein kräftiges Marmorgesims, das den gesamten Außenbau umzieht und mit dem Gurtgesims des Innenraums ungefähr höhengleich ist, werden die Außenwände in einen oberen und einen unteren Teil gegliedert. Abgetreppte Blendbögen geben ungefähr die Maßverhältnisse der Innenräume wieder und bilden zugleich die Umrahmung für Türen und Fenster. Lediglich im oberen Teil finden sich halbrunde Wandvorlagen aus Formziegeln, etwa der Art, wie wir sie schon bei der *Bodrum Camii* in Konstantinopel kennenlernten. Bei der *Panhagia ton Chalkeon* bilden sie im oberen Teil der Schildwände des nördlichen und südlichen Kreuzarmes die Mittelstütze eines doppelten Blendbogenpaares. Im zweigeschossigen Narthex markieren solche halbrunden Wandvorlagen sowohl an den Schmalseiten als auch an der Westseite die innere Dreiteilung der Empore. Der oktogonale Kuppeltambour, dessen Kanten schlanke Runddienste vorgelegt sind, besitzt in zwei Reihen übereinandergeordnete Fenster. Über den seitwärtigen Teilen des Narthex befinden sich Nebenkuppeln in kleineren, ebenfalls achteckigen Tambouren, die wohl eine spätere Zutat darstellen.

Zwar scheint man 1934 bei der Restaurierung, die das heutige Aussehen des Baues mitbestimmt, dem Detail keine besondere Aufmerksamkeit geschenkt zu haben; jedoch läßt auch der gegenwärtige Zustand erkennen, daß die *Panhagia ton Chalkeon* – im Vergleich etwa zur *Theotokos-* oder *Pantepopteskirche* in Konstantinopel – äußerst wenig Fensterfläche besitzt. Ebenso bezeichnend ist es, daß die Schildwände der Kreuzarme Satteldächer, die Eckkompartimente Pultdächer besitzen, während die für Konstantinopels Bauten charakteristischen gestuften Blendbögen nur am Narthex vorkommen und dort die durch den Gewölbeverlauf bestimmte Dachkurvatur betonen.

Im ersten Viertel des 11. Jahrhunderts wurde die Kirche *Hagii Apostoli (Apostelkirche)* auf dem Gelände der antiken Agora von

Athen, Hagii Apostoli; Detail der Gewölbezone einer Ecknische

Athen über einem alten Quellheiligtum erbaut. Sie gehört zu den
ältesten erhaltenen Kirchen der Stadt. Bei dem ungewöhnlichen
Grundriß versuchte man anscheinend, die Form der Kreuzkuppelkirche um die Eigenschaften eines Zentralbaus zu bereichern.

Das Tonnenkreuz der Kirche endet auf allen vier Seiten in etwas
niedrigeren, mit Halbkuppeln gedeckten Konchen; in der Vierung
tragen vier Säulen den Tambour und die Kuppel. Im Bereich der
für die Kreuzkuppelkirche charakteristischen Eckräume befinden
sich zwischen den Kreuzarmen kleine Konchen, deren Ansätze
durch Gurtbögen mit den Kuppelsäulen verbunden sind. Diese
Folge von großen, die Kreuzarme abschließenden und kleinen, zu
den Eckkompartimenten gehörenden Konchen (deren zwischen
den Ansätzen liegende, konkave Wandteile sich zu einem großen
Zylinder ergänzen lassen, in den das Tonnenkreuz eingeschrieben

ist) bestimmt den zentralen Raumcharakter. Dem Kirchenraum ist ein im Grundriß unregelmäßiger, sich der Form des Kirchenraumes anpassender Narthex angefügt, der die Anlage im Westen rechteckig abschließt. Die komplizierte Raumform der *Apostelkirche* (für die sich unter den in Istanbul erhaltenen byzantinischen Kirchen keine Parallele mehr findet, obwohl vermutlich ihr Ursprung dort zu suchen ist) läßt sich bei sorgfältigem Hinsehen auch am Außenbau ablesen. Die Qualität des Grundrisses und des räumlichen Aufbaus hat ihre Entsprechung in der vorzüglichen handwerklichen Fertigkeit, von der das Mauerwerk des Äußeren zeugt. Als Baumaterial dienten gleichmäßige, sorgfältig behauene Steinquader, die von Ziegeln eingefaßt werden. Zahnschnittbänder umziehen die Kirche und zeichnen die Bögen der Fenster nach. An der Westseite, unterhalb des Daches der Vorhalle, findet sich ein Ornamentband aus Ziegeln, das den Duktus von arabischer, kufischer Schrift nachahmt.

Ein Merkmal, das bei der *Panhagia ton Chalkeon* in Saloniki auffiel, begegnet uns auch bei der *Apostelkirche*: Die in der Hauptstadt üblichen Blendbogensysteme kommen nicht vor. Die Tonnengewölbe der Kreuzarme und des Narthex besitzen Satteldächer. Nur der Tambour bildet eine Ausnahme: Seine Kanten sind zurückgestuft und durch eingestellte Marmorsäulen ersetzt, die mit Bögen untereinander verbunden sind und auf diese Weise die von Zwillingsfenstern durchbrochenen Oktogonseiten rahmen und zugleich den Ansatz des der Kuppelrundung angepaßten Daches bestimmen.

Besondere Beachtung fand in der Forschung stets die Gruppe jener Bauten, die dem »Acht-Stützen-Typus« angehören, von dem in Konstantinopel kein Beispiel erhalten blieb; doch gilt als sicher, daß dieser heute nur noch in Griechenland anzutreffende Grundrißtypus ursprünglich aus Konstantinopel stammt. Die Kirchen in den Klöstern *Hosios Lukas*, *Nea Moni* auf der Insel Chios und *Daphni* bei Athen, die *Panhagia Lykodimu* in Athen, die *Kathedrale in Christianu* und als jüngere Beispiele aus dem 13. Jahrhundert die *Hagia Sophia* in Monemvasia, *Hagii Theodori* in Mistra, die *Paragoritissa* in Arta sowie die Kirche *Hagios Nikolaos* beim trockengelegten See Kopais in der Nähe des Ortes Pyrgos

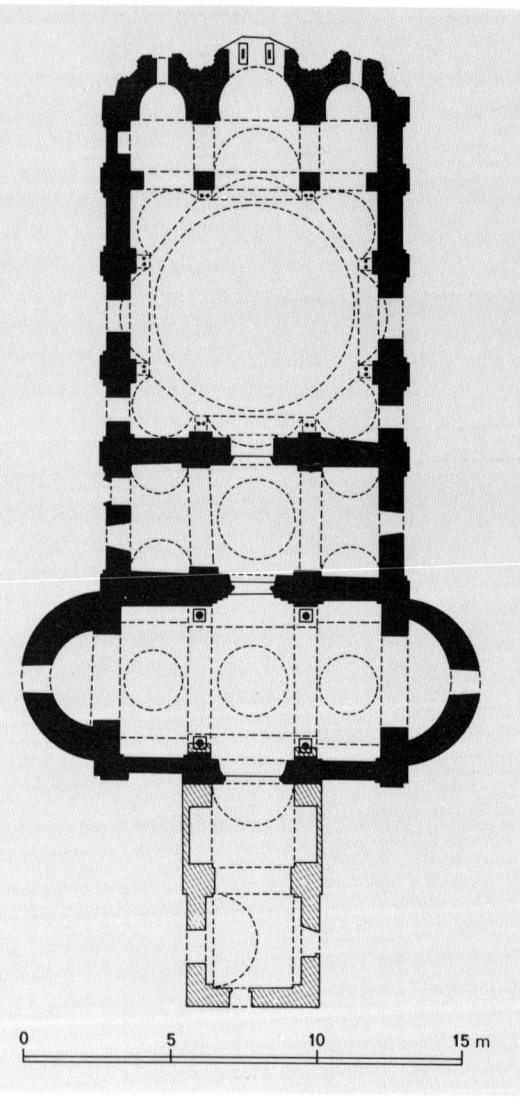

Chios, Nea Moni, Klosterkirche. Grundriß: nach Orlandos (Norden links)

besitzen zentrale Kuppelräume, die nach dem gleichen Konstruktionsprinzip errichtet wurden. Der Übergang von der kubischen Grundform des Kuppelraumes zum Polygon oder Rund des Kuppeltambours wird bei diesen Bauten durch Trompennischen und darüberliegende Pendentifs erreicht. Die Bögen der Trompen werden von je zwei vor die Wand gestellten oder frei stehenden Pfeilern getragen. Da die insgesamt acht Stützen der Trompen die primären statischen Kräfte der Kuppelkonstruktion aufnehmen, hat man diese Grundrißform und ihre Varianten unter dem Begriff »Acht-Stützen-Typus« zusammengefaßt.

Einer der ältesten erhaltenen Vertreter dieses Typus ist die Klosterkirche *Nea Moni* auf Chios, deren Gründung 1042 auf den byzantinischen Kaiser Konstantin IX. Monomachos zurückgeht. Die Kirche besitzt zwei aufwendige, mit Kuppeln versehene Vorhallen; sie besteht aus einem großen, überkuppelten Raum, an den sich nach O der Chor sowie Prothesis und Diakonikon anschließen. Während der Zentralraum im unteren Teil quadratisch ist, erscheint er auf der Höhe der Trompen als oktogonaler, in Nischen aufgelöster Raum: Zwischen den im Grundriß halbrunden Trompen sind die verbleibenden Wandteile des Kubus als Nischen gestaltet, die jedoch breiter und flacher sind; über dieser Zone vermitteln Pendentifs zum Rund des Kuppeltambours. Die Raumlösung der *Nea Moni* ist somit bestimmt durch die vertikale Abfolge vom quadratischen zum unregelmäßig oktogonalen und schließlich zum runden Raumkörper. Die acht Stützen für die Trompenkonstruktion – bei der *Nea Moni* sind es Wandpilaster – treten nur schwach in Erscheinung. Ihnen waren ursprünglich gekuppelte Säulen in zwei Zonen übereinander vorgestellt, die den Raumeindruck weniger bestimmten, als es bei den Stützen anderer Bauten dieses Typs der Fall ist. Die festländischen Kirchen besitzen zudem eine in den Gesamtzusammenhang eingefügte kreuzförmige Raumkomponente, die bei der *Nea Moni* in Gestalt der flachen, in den Achsen des Zentralraums liegenden größeren Nischen der Trompenzone nur leicht angedeutet ist.

Das bekannteste Beispiel des »Acht-Stützen-Typus« ist das um 1040 entstandene *Katholikon* von Hosios Lukas (das im Anschluß an die ältere Kirche des Klosters, eine um 1020 datierte Kreuzkup-

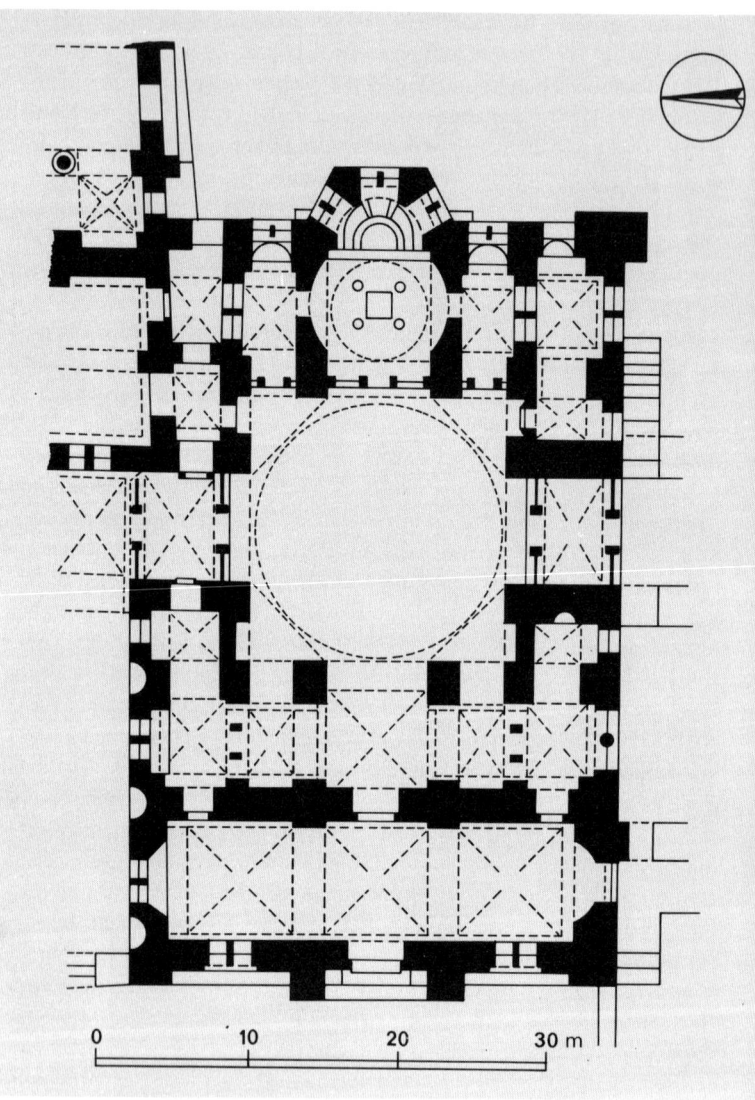

0   10   20   30 m

Hosios Lukas, Klosterkirche

pelkirche, errichtet wurde). Von W gelangt man durch einen Narthex in das Innere der Emporenkirche. Der zentrale, überkuppelte Hauptraum, das eigentliche Hauptschiff, wird durch die acht Stützen für die Trompen sowie durch vier weitere Stützen in den Ekken des Grundrißquadrats markiert. Nach O schließt sich ein mit einer fensterlosen Kuppel gedecktes Chorjoch mit Apsis an, flankiert von Prothesis und Diakonikon. Dem Chor liegt in gleicher Breite das Eingangsjoch gegenüber, von dem man seitwärts in die Nebenschiffsbereiche gelangen kann. Dem Eingangs- und dem Chorjoch entsprechen in der Nord-Süd-Richtung räumliche Erweiterungen, die in den Seitenschiffs- und Emporenbereich eingreifen und durch Tripelbögen gegen den quadratischen Hauptraum transparent abgeteilt sind. Auf diese Weise erfährt das zentrale Kuppeljoch eine kreuzförmige Raumerweiterung, die nicht im Grundriß, jedoch im Aufriß des Innenraums ebenso klar ablesbar ist wie auch am Außenbau, wo sie als Baukörper, welcher die Emporenzone überragt, in Erscheinung tritt. So besitzt das *Katholikon* des Hosios-Lukas-Klosters Raumelemente, die von der Kreuzkuppelbasilika her bekannt sind. Die Kuppellösung besteht jedoch – wie bei der *Nea Moni* – aus Trompen in Kombination mit acht darüberliegenden Pendentifs. Beim *Katholikon* entspricht die vertikale Abfolge der Raumumwandlungen (Quadrat, Oktogon der Trompenzone, Rund) jener der *Nea Moni* in konsequenterer Gestaltung, da die Seiten des Kuppelraumes nicht zugleich die Außenmauern der Kirche darstellen. Der Wechsel von der quadratischen zur oktogonalen Raumform wird durch die Ausgestaltung des *Katholikons* unterstrichen: Während der quadratische Teil mit den acht Trompenstützen in byzantinischer Manier mit geschnittenen, klappsymmetrisch angeordneten Marmorplatten ausgestattet ist, finden sich oberhalb eines trennenden Schmuckgesimses in der Trompen- und Gewölbezone Mosaiken.

Die in der zweiten Hälfte des 11. Jahrhunderts entstandene *Klosterkirche in Daphni* bei Athen wiederholt den Grundriß des *Katholikons* von Hosios Lukas. Trotzdem weisen die beiden Kirchen einige tiefgreifende Unterschiede auf. Der Zentralraum der *Klosterkirche in Daphni* entspricht in seinem räumlichen Aufbau dem *Katholikon* in Hosios Lukas weitgehend. Die kreuzförmige Erwei-

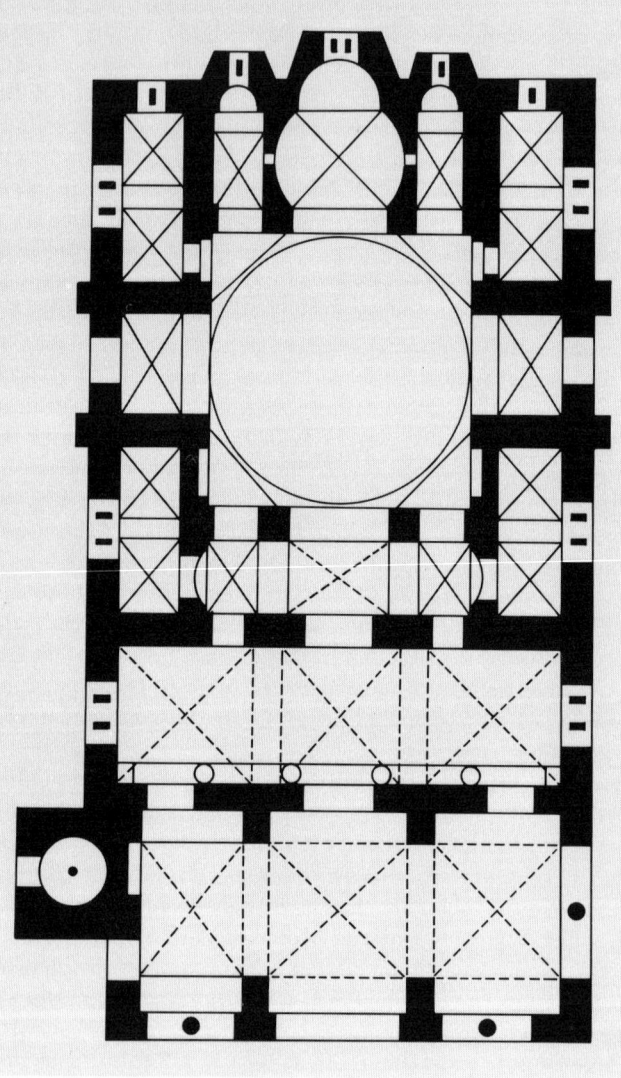

Daphni, Klosterkirche (Norden links)

terung des Kirchenschiffs tritt bei der *Klosterkirche in Daphni* jedoch klarer in Erscheinung. Durch das Fortlassen der umgangartig ausgebildeten Nebenschiffe und der Emporen war es möglich, die zwischen den Trompen ansetzenden Kreuzarme im N, S und W in Übereinstimmung mit dem Kreuzarm des Chors in voller Höhe und ohne transparente Abschrankung zu öffnen. In den Ecken des Kreuzes finden sich längsrechteckige Kapellenräume, durch welche der kreuzförmig erweiterte Kuppelraum zu einem rechteckigen Baukörper ergänzt wird. Diese, im *Katholikon* von Hosios Lukas in ein Umgangssystem einbezogenen Eckräume, sind in der *Klosterkirche in Daphni* völlig isoliert und mit jeweils einem Zugang versehen: Die östlichen sind vom Kuppelraum, die westlichen von den niedrigen Jochen der Nebeneingänge her betretbar. Die Raumwirkung der *Klosterkirche in Daphni* unterscheidet sich bei dieser Konzeption von dem *Katholikon in Hosios Lukas* beträchtlich, obwohl sie von der gleichen Grundrißdisposition ausgeht. Hat man dort stets vor Augen, daß der Zentralraum vom Umgang und den Emporen gleichsam ummantelt ist, indem diese äußere Raumzone im zentralen Kuppelraum hinter transparenter Abtrennung sichtbar und spürbar bleibt, so ist das Raumgefüge der *Klosterkirche in Daphni* starr begrenzt und von weniger sensibler Struktur.

Die *Kathedrale in Christianu* aus der zweiten Hälfte des 11. Jahrhunderts steht dem *Katholikon* in Hosios Lukas näher als Daphni. Auch sie ist eine Emporenkirche, deren Hauptraum nach dem Acht-Stützen-Typus aufgebaut ist. Den Chor bildet hier aber ein Kreuzarm, der breiter ist als die drei anderen; denn die Pastophorien schließen nicht an den Kuppelraum, sondern an die östlichen Enden der Seitenschiffe an.

Die im 13. Jahrhundert in Arta errichtete Palastkirche *Paragoritissa* der Despoten von Epirus soll hier stellvertretend für die jüngere Gruppe der Kirchen des »Acht-Stützen-Typus« etwas ausführlicher besprochen werden. Dies geschieht nicht nur wegen der Grundrißdisposition des Kuppelraumes, sondern auch wegen der architektonischen Detailgestaltung, die an Skurrilität kaum zu überbieten ist. Der räumliche Aufbau und die architektonische Gestaltung sind innerhalb der byzantinischen Baukunst so ungewöhnlich, daß die Abbildung der Beschreibung zu Hilfe kommen muß.

Der Zentralraum, der mit einer Kuppel von nur 6 m Durchmesser gewölbt ist, gliedert sich in vier vertikale Raumabschnitte. Die untere Zone weist die bekannten acht Stützen auf, die vor die Wände des Grundkubus gestellt sind; dabei gehen die östlichen Säulen in die Scheidewände zwischen Chor und Pastophorien über. In der zweiten Raumzone besitzen die Wandvorlagen mächtige Konsolsteine, auf die jeweils ein hintereinander angeordnetes Säulenpaar gestellt ist; über ihnen befinden sich wiederum noch weiter vorkragende Konsolen mit Säulen. Durch dieses Stützensystem wird die Grundrißdisposition des unteren Raumteils nach oben verlängert und auf der Höhe der oberen Säulenstellungen dadurch bereichert, daß Zwillingsbögen eine kreuzförmige Erweiterung des Zentralraumes in den Emporenbereich hinein andeuten. Die Kämpferzone der oberen Säulenkapitelle liegt auf einer Höhe mit der Kämpferzone der acht Wandpilaster. Säulen und Pilaster tragen in der dritten Raumzone jeweils die senkrecht zu den Seiten des Grundrißquadrats stehenden Wangen von kurzen, gurtbogenartigen Tonnengewölben. Den äußeren Kanten der geraden, gestelzten Teile dieser Bögen sind jeweils Zwillingssäulen auf Konsolen vor-

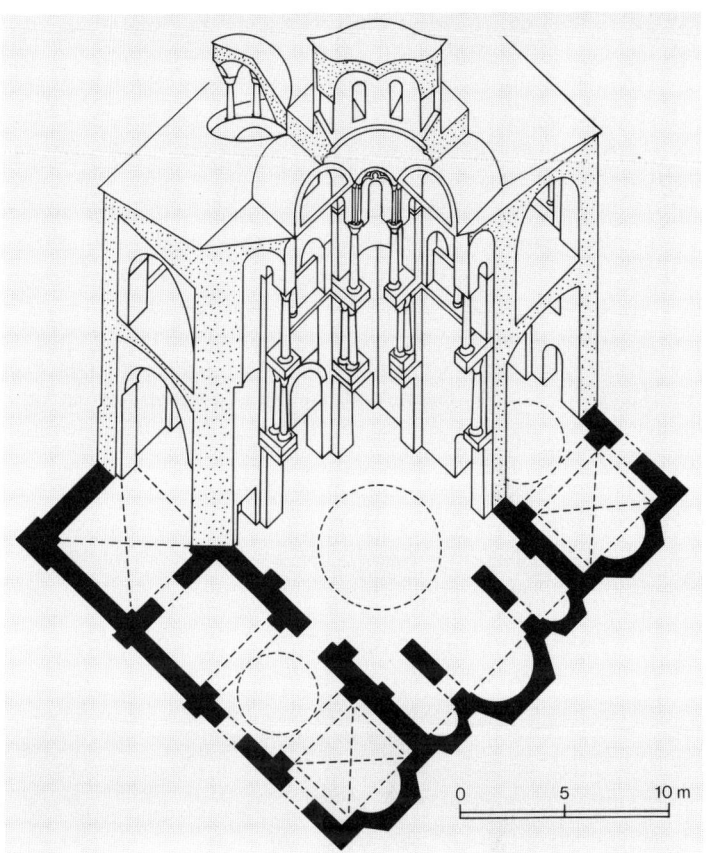

Arta, Palastkirche (Paragoritissa) der Despoten von Epirus. Riß: nach Orlandos

gestellt, die keine architektonische Funktion besitzen. Ebenfalls auf dieser Höhe werden die Ecken des Grundquadrats durch Trompen überbrückt, die auf den oberen Säulen des Stützensystems aufsetzen, so daß eine oktogonale Raumzone hergestellt wird. In der vierten Zone schließlich, der Gewölbezone, leiten Pendentifs zum Rund des Kuppeltambours über.

◀ Arta, Palastkirche (Paragoritissa) der Despoten von Epirus; Ansicht von Südosten

Der »Acht-Stützen-Typus« besitzt in der *Paragoritissa* von Arta seine komplizierteste Variante, deren Formenreichtum den vom Konzept her klaren Aufbau dieses Raumschemas fast spielerisch verschleiert und die Begreifbarkeit erschwert. Der Zentralraum der Kirche ist gewissermaßen von zwiespältiger Wirkung, die möglicherweise eine Folge der Bauplanung und -ausführung ist, der kein einheitliches Konzept zugrunde liegt; denn was an der Kirche, die ja im unteren Bereich ganz konventionell nach dem bewährten Schema des »Acht-Stützen-Typus« begonnen wurde, so ungewöhnlich und inkonsequent wirkt, ist die dreifache »Säulenordnung« der zweiten und dritten Zone. Man kann darüber im Zweifel sein, ob sie von Byzantinern geplant worden ist, denn zwei der Bögen, die den Wänden des Zentralraums in der vierten Zone vorgelegt sind, wurden mit Steinplastiken im Sinne gotischer Archivoltenfiguren geschmückt. Es müssen also beim Bau der Kirche auch Kräfte beteiligt gewesen sein, die mit gotischer Architektur vertraut waren und versuchten, etwas von der gotischen Kunst der Aufrißgestaltung in die byzantinische, vom räumlichen Aufbau her konzipierte Anlage hineinzubringen. Der Kuppelraum der *Paragoritissa* wird von zwei Kapellenräumen mit Apsiden flankiert. Die Westseite besitzt einen Narthex, das Geschoß über dem Narthex und den Seitenräumen dient als Empore. Die den zentralen

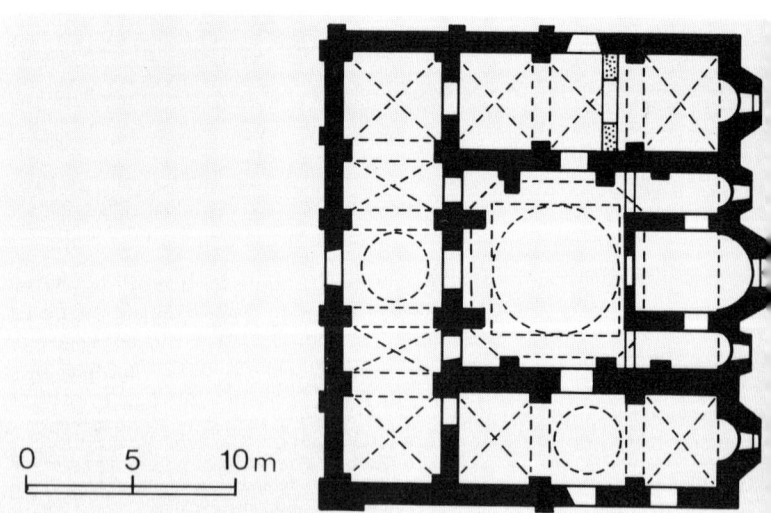

0   5   10 m

Kirchenraum umgebenden Nebenräume bestimmen das äußere Bild der Kirche und lassen sie als Baublock erscheinen, auf dessen inneren Reichtum die Zentralkuppel, vier Nebenkuppeln über den Gebäudeecken und eine über der Mitte der Eingangsseite hindeuten. Obwohl im Innern zweigeschossig, sind die Außenwände – mit Ausnahme der östlichen – dreigeschossig gestaltet: Über einer aus grob behauenem Steinmaterial errichteten Sockelzone folgen nach einem trennenden Zahnschnittfries zwei übereinanderliegende Reihen gekuppelter Fenster in erheblich anspruchsvollerer Stein- und Ziegelmauerung.

Die Ostseite der Kirche hingegen wurde in einheitlicher handwerklicher Qualität errichtet. Sie ist am aufwendigsten gestaltet: Hier finden sich Zahnschnittfriese und -rahmungen, Blendbögen und Nischen, Mäander- und Rautenmuster, die dem Mauerwerk eine sehr lebhafte Struktur verleihen. In ihrem ungewöhnlichen architektonischen Aufbau wird die Ostseite der *Paragoritissa* durch die Apsiden des Chores, die kleineren Nebenapsiden und die Apsiden der Seitenkapellen des Umgangs und der Empore bestimmt.

Wie erwähnt, hat sich in der byzantinischen Hauptstadt kein Beispiel des »Acht-Stützen-Typus« erhalten. Es ist jedoch daran zu erinnern, daß bereits die justinianische *Sergios-und-Bacchos-Kirche* im Grunde ein ganz ähnliches Konstruktionsprinzip aufweist: Die Ecken des Zentralraums wurden als Nischen ausgebildet, die – im Hinblick auf die Gewölbekonstruktion – die Wirkung von Trompen besitzen. Wie beim *Katholikon* in Hosios Lukas fungieren auch die Seitenschiffe der *Sergios-und-Bacchos-Kirche* als Umgang mit darüberliegenden Emporen.

Im folgenden sollen noch drei Athener Kreuzkuppelkirchen erwähnt werden, um das Bild der mittelbyzantinischen Architektur Griechenlands abzurunden.

Der Mitte des 11. Jahrhunderts gehört die Kirche *Hagii Theodori* an: Eine Inschrift nennt als Stiftungsjahr 1049. Bei dieser Anlage handelt es sich um eine Kreuzkuppelkirche, die jedoch eine Variante der in Konstantinopel gebräuchlichen Grundrißform darstellt. Der zentrale Kuppeltambour ruht hier nicht auf freistehenden Säulen oder Pfeilern, sondern auf den Enden der Scheidemauern, die zwischen dem Kreuzarm und den Eckkompartimenten

im W sowie zwischen dem Chor und den Pastophorien im O stehen. Indem der Kuppeltambour direkt vom Mauerwerk des Chores
gestützt wird und die östlichen Eckkompartimente mit den Pastophorien zusammenfallen, ist die größtmögliche Beschränkung der
west-östlichen Raumentfaltung erreicht. Zu dieser, das Kreuzkuppelschema verkürzenden Grundrißform, steht besonders die
räumliche Gestalt des westlichen Teils der Kirche in unüberseh-
barem Gegensatz. Der westliche Arm des Tonnenkreuzes wird
um die Tiefe des Narthex verlängert, indem der mittlere, mit einem
west-östlich gerichteten Tonnengewölbe versehene Teil der Vorhalle in fast voller Breite und Höhe an den Kreuzarm angeschlossen ist. Diese Ankoppelung wird auch dadurch augenfällig, daß die
seitwärtigen Raumteile der Vorhalle niedriger und mit nord-südlich gerichteten Tonnen gewölbt sind. Die Eckkompartimente des

146

westlichen Kirchenteils stehen mit dem westlichen Kreuzarm nicht
in Verbindung; sie sind mit Tonnengewölben versehen, so daß die
Kirche hier eine mit dem Kreuzkuppelschema nicht recht zu ver·
einbarende Betonung der West-Ost-Richtung besitzt, die trotz aller augenfälligen Unterschiede an die Grundrißlösung der *Panhagia*
in Skripu denken läßt. Aus der langhausartigen Gestaltung des
westlichen Kreuzarms machte man auch am Außenbau keinen
Hehl, indem man den Mittelraum des Narthex und den daran anschließenden Kreuzarm unter einem gemeinsamen Satteldach zu-
sammenfaßte.

Die Athener Kirche *Kapnikarea*, die im dritten Viertel des
11. Jahrhunderts entstand, wurde nachträglich mit einer nördlichen Nebenkapelle und der in ihrer Formgebung sehr bizarren
Vorhalle versehen. Dem ursprünglichen Kernbau liegt der gleiche
Gestaltungsgedanke wie der *Hagii Theodori* zugrunde, wenn auch

Athen, Kapnikarea; Ansicht von Nordosten

noch mehr jener Charakteristika vorhanden sind, die eine hauptstädtische Kreuzkuppelkirche auszeichnen. Das Tonnenkreuz ist
bei der *Kapnikarea* noch voll ausgeprägt; auch der östliche Kreuzarm, an den das Bema anschließt, ist noch vorhanden. Die östlichen
Eckkompartimente sind in ihren Gewölbezonen jedoch bereits in
die Pastophorien integriert. Der Narthex der *Kapnikarea* ist ebenso aufgebaut wie jener der *Hagii Theodori*, so daß auch hier der
westliche Kreuzarm eine Verlängerung in den Vorhallenbereich
hinein besitzt.

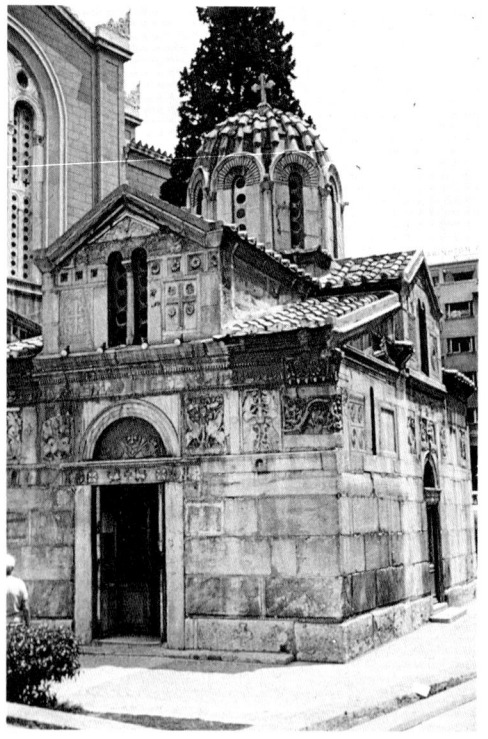

Athen,
Hagios
Georgopikos
(»Kleine
Metropolis«);
Ansicht
von
Südwesten

Die Kirche *Hagios Georgopikos*, die »Kleine Metropolis«, ist eine Kreuzkuppelkirche mit ursprünglich vier Säulen, die im späten 11. Jahrhundert errichtet wurde. Die mit einem Narthex versehene kleine Anlage, bei der die Apsiden der Pastophorien nur noch als Wandnischen ausgebildet sind und im Außenbau nicht mehr in Erscheinung treten, ist nicht unter dem Aspekt ihrer architektonischen Gestaltung eine Besonderheit, sondern wegen des Baumaterials. Die Kirche wurde aus Spolien errichtet, aus antiken Marmorblöcken sowie antiken und älteren byzantinischen Marmorplatten mit abstrakten und figürlichen Darstellungen, die dem kleinen Bauwerk ein kostbares Aussehen verleihen. Die »Kleine Metropolis« macht die Aufgeschlossenheit der Zeit gegenüber der Antike deutlich und erinnert ein wenig daran, daß damals der Parthenon auf der Akropolis als Athener Bischofskirche diente.

Eine besondere Bedeutung als Bindeglied zwischen den Bauten in Konstantinopel und in Thessalien kommt der Kirche *Theotokos Kosmosoteira* in Pherrai zu, die 1152 Isaak Komnenos, ein Sohn des Kaisers Alexios Komnenos, einer späteren Überlieferung zufolge gestiftet haben soll. Die stattliche Anlage, die keinen Narthex besitzt, gehört – wie *Hagii Theodori* und *Kapnikarea* in Athen – zum Typ der im Ostteil verkürzten Kreuzkuppelkirche, auch »Zwei-Stützen-Typus« genannt. Während der westliche Teil des Kuppeltambours auf zwei Säulenpaaren – antiken Spolien – ruht, wird er im O von den Scheidemauern zwischen dem Chor und den Pastophorien getragen. Das Äußere der Kirche *Theotokos Kosmosoteira* wird durch den mächtigen zwölfeckigen, mit großen Fenstern versehenen Kuppeltambour bestimmt, der die Arme des Tonnenkreuzes und die oktogonalen kleineren Kuppeltamboure der westlichen Eckräume und der Pastophorien überragt. Die mittelbare Zugehörigkeit der *Theotokos Kosmosoteira* zur hauptstädtischen Architektur erweist sich in der Anordnung der fünf Kuppeln und in der Dachform, die das Rund der Tonnengewölbe nachzeichnet, sowie in der Detailgliederung, der Blendarkatur der Schildwände und den mit dekorativen Ziegelsetzungen geschmückten Wandnischen der Apsiden und schließlich in der Verwendung der »Verdeckten-Schicht-Technik« als der für die Hauptstadt charakteristischen Mauerweise in mittelbyzantinischer Zeit.

In den Zusammenhang der mittelbyzantinischen Architektur gehört auch die Baukunst der Kiewer Rus. Die mittelbare Abhängigkeit der Architektur der Kiewer Rus von Byzanz ergibt sich aus geschichtlichen Zusammenhängen. Für die Byzantiner waren die im Norden gelegenen Länder, mit denen sie nur Handelsbeziehungen unterhielten, von untergeordneter Bedeutung; denn Byzanz war politisch auf den Mittelmeerraum fixiert.

Die Byzantiner hatten den ersten handgreiflichen Kontakt mit den Warägern, der aus Skandinavien stammenden Oberschicht der Rus, wohl 860, als eine Flotte der Rus vor den Mauern von Konstantinopel erschien. Diese Bedrohung kam für die Byzantiner vollkommen überraschend und verbreitete große Furcht, zumal es sich um ein Volk handelte, das dem Patriarchen Photius zufolge »bisher verborgen und unbeachtet, ja bis zum Angriff auf uns [die Byzantiner] überhaupt nicht bekannt war«. 860 kamen die Bewohner Konstantinopels noch mit dem Schrecken davon. Aber 907 erschien vor den Mauern der Hauptstadt erneut eine warägische Flotte, die vom Fürsten Oleg angeführt wurde. Wiederum muß die Bedrohung Konstantinopels nicht gering gewesen sein – nach byzantinischen Quellen kamen 80 000 Krieger auf 2000 Booten, sicher eine Übertreibung, welche die Größe der Gefahr deutlich machen sollte –; denn die Byzantiner fanden sich zu einem 911 schriftlich fixierten Handelsvertrag bereit, der den Kiewer Handelsleuten Steuerfreiheit zusicherte, ihren Lebensunterhalt in der Hauptstadt finanzierte und zudem festlegte, daß ihnen Verpflegung für die Rückreise zu stellen sei.

Die Handelsbeziehungen zwischen Kiew und Konstantinopel entwickelten sich im Jahre 987 zu echten politischen Kontakten, als Byzanz durch die Bulgaren bedroht wurde. Die Kriegsgefahr nutzte ein Mann namens Bardas Phokas aus: Er versuchte, mit Hilfe byzantinisch-anatolischer Truppen Basileios II. zu stürzen und selbst Kaiser zu werden. In dieser Gefahr eines Zweifrontenkrieges bat Basileios II. den Kiewer Großfürsten Wladimir Swjatoslawitsch um Hilfe. Als Gegenleistung dafür wurde Wladimir die Ehe mit des Kaisers Schwester Anna Porphyrogeneta versprochen. Wladimir schickte angeblich 6000 warägische Krieger nach Konstantinopel. Aber noch bevor diese Militärhilfe wirksam wurde, konnte Basileios aufgrund einer Kette glücklicher Umstände seine Herrschaft festigen. Da er die Hilfe Wladimirs letztlich nicht in Anspruch genommen hatte, glaubte er, die Heiratszusicherung nicht einhalten zu müssen. Anna sollte nach älteren Absichten Otto III. heiraten; es kam jedoch nicht zu dieser Verbindung, da sie den Byzantinern offenbar nicht standesgemäß erschien. Wladimir verlieh seiner Forderung nach Einhaltung des Versprechens dadurch Nachdruck, daß er 989 die am Schwarzen Meer gelegene Stadt Cherson eroberte. Darin mußte Basileios eine schwer kalkulierbare, auf längere Sicht unabwendbare Bedrohung des Byzantinischen Reiches sehen und löste sein Versprechen doch noch ein. Die Heirat fand in Cherson statt. Nach Wladimirs Rückkehr wurde das Christentum zur offiziellen Religion erhoben und dadurch der Christianisierungsprozeß, der im Gebiet der Kiewer Rus schon viel früher begonnen haben muß, gleichsam abgeschlossen. Dieser historische Hintergrund macht deutlich, daß im ausgehenden 10. und im 11. Jahrhundert mit einer starken kulturellen Beeinflussung des Kiewer Reiches durch Byzanz gerechnet werden muß.

Hatte man in Kiew und seinem Herrschaftsgebiet bisher anscheinend ausschließlich Kirchen aus Holz gebaut, so entstand jetzt die erste Kirche aus den in Konstantinopel üblichen Materialien Stein und Ziegel. Diese erste Kirche, die *Desjatinna*, wurde 996 fertiggestellt und 1240 bei der Eroberung Kiews durch die Mongolen zerstört; sie blieb, nachdem Kiew zu völliger Bedeutungslosigkeit herabgesunken war, bis ins 19. Jahrhundert hinein als Ruine bestehen und wurde dann abgetragen. Die erhaltenen Mauerreste der *Desjatinna* wurden bei Ausgrabungen freigelegt.

Die archäologischen Befunde in Verbindung mit der schriftlichen Überlieferung ermöglichen es, eine ungefähre Vorstellung vom Aussehen der Kirche zu gewinnen.

Sie besaß eine Mittelkuppel und Emporen; im Inneren waren die Wände mit Marmorplatten verkleidet; der in ornamentalen Mustern angelegte Boden bestand aus verschiedenfarbigen Marmorarten. Einer Chroniknachricht zufolge hatte der *Desjatinna*-Bauherr Wladimir 991 eine Gesandtschaft mit dem Auftrag nach Byzanz geschickt, griechische (das heißt im Sprachgebrauch der Zeit: byzantinische) Meister für den Kirchenbau anzuwerben. Diese Gesandtschaft hatte offenbar Erfolg, denn die *Desjatinna* weist einige Merkmale auf, die auf byzantinische Urheberschaft hindeuten: Bei den Ausgrabungen fand sich Mauerwerk, das die Merkmale der Verdeckten-Schicht-Technik aufweist, die ja für die mittelbyzantinischen Bauten besonders der Hauptstadt charakteristisch ist. Obwohl es auf dem Territorium der Kiewer Rus keine Marmorvorkommen gibt, wurde die *Desjatinna* so reich mit Marmor ausgestattet (der aus den byzantinischen Gebieten importiert werden mußte), daß sie im Volksmund die Bezeichnung »die Marmorne« erhielt. Man folgte also streng den in Byzanz üblichen Baugewohnheiten. Vermutlich wird auch Wladimir als Verwandter des Byzantinischen Kaisers sehr darauf bedacht gewesen sein, daß die Kiewer Kirche den Bauten der byzantinischen Hauptstadt qualitativ nicht nachstand. Man wird sich daher vorstellen müssen, daß die *Desjatinna* ähnlich wie eine der großen mittelbyzantinischen Kirchen Konstantinopels ausgesehen hat.

Welchen Fortschritt die *Desjatinna* und die ihr benachbarte, ebenfalls in Verdeckter-Schicht-Technik errichtete Palastanlage für die Entwicklung der Architektur in Kiew bedeuteten, läßt sich ermessen, wenn man sich vergegenwärtigt, daß die gleichzeitige normale Bebauung der Stadt aus in die Erde eingetieften und mit hölzernen Dachkonstruktionen versehenen Häusern bestand.

Nach Wladimirs Tode 1015 begannen zwischen seinen Söhnen Auseinandersetzungen um die Thronfolge, von denen die Stadt Kiew und das Umland in Mitleidenschaft gezogen wurden. Aus diesen Streitigkeiten ging Jaroslaw, der den Beinamen »Mudrij« (der »Weise«) bekam, als Sieger hervor. Seiner Regierungszeit entstammt gleichsam die zweite Generation von Kirchenbauten auf Kiewer Boden. Die bedeutendste Anlage, die er errichten ließ, ist die *Sophienkathedrale*. Bei dieser Kirche ist ebenfalls der byzantinische Einfluß unverkennbar; allerdings zeigt manches Detail, daß es sich dabei nicht um kritiklose Nachahmung byzantinischer Architektur handelt.

Die *Sophienkathedrale* erhielt ihren Namen wohl in Anlehnung an die *Hagia Sophia*, die Kirche der Göttlichen Weisheit in Konstantinopel.

Diese Übereinstimmung ist offenbar beabsichtigt gewesen; denn die Nachahmung der Topographie Konstantinopels ging noch weiter: In Kiews Stadterweiterung unter Jaroslaw gab es – wie in Konstantinopel – ein *Goldenes Tor*, eine *Irenenkirche*, ein *Georgskloster*, sogar ein *Hippodrom*, das ebenfalls westlich von der *Sophienkathedrale* lag und eine Quadriga besaß, die man von Cherson hierher versetzt hatte. Diese Übereinstimmungen und das Kopieren sogar vorbyzantinischer Anlagen beweisen, daß noch rund eine Generation nach dem Bau der *Desjatinna* in Kiew die dominierende Stellung von Byzanz fortwirkte. Aber auch ein zweiter Aspekt ist unverkennbar: Das Nachahmen von Verhältnissen und Gegebenheiten in der byzantinischen Hauptstadt dokumentiert den Anspruch auf Macht und Ansehen.

Kiew, Sophienkathedrale; Ostseite der barockisierten Kirche mit freigelegter mittelalterlicher Bausubstanz

Die *Sophienkathedrale* besitzt einen fünfschiffigen Grundriß; erst nachträglich fand eine Erweiterung auf insgesamt sieben Schiffe statt. Für die ursprüngliche Fünfschiffigkeit kennt man in Konstantinopel keine Parallele. Wir erinnern uns jedoch an die im einzelnen weder bewiesene noch widerlegte These Brunovs, daß es in Konstantinopel »fünfschiffige« Kreuzkuppelkirchen gegeben habe.

Durch die Kiewer *Sophienkathedrale* erhält nun diese Hypothese große Wahrscheinlichkeit; denn da die Kiewer Kirche wesentliche Übereinstimmungen mit Bauten Konstantinopels aufweist und deshalb mittelbar zum byzantinischen Kulturkreis gezählt werden muß, wäre es erstaunlich, wenn die »Fünfschiffigkeit« auf Bauten der Kiewer Rus beschränkt gewesen wäre. Zudem ist nicht auszuschließen, daß auch schon die *Desjatinna* fünf Schiffe besaß: Während der Machtkämpfe nach dem Tode Wladimirs 1015 wurde sie teilweise zerstört. Die Weihe der renovierten *Desjatinna* wird anhand schriftlicher Überlieferung in das Jahr 1036 datiert. Man hat angenommen, daß mit dieser Wiederherstellung eine Er-

Kiew,
Sophien-
kathedrale;
Hauptschiff,
Blick
nach Osten

weiterung auf fünf Schiffe verbunden war. Die archäologisch
nachgewiesene Fünfschiffigkeit der *Desjatinna* läßt sich jedoch
nicht eindeutig der Wiederherstellung zuweisen; denn die Quellen
lassen auch die Interpretation zu, daß bereits der ursprüngliche
Bau fünf Schiffe umfaßt hatte. Die *Sophienkathedrale* wurde beim
Mongolensturm 1240 wie alle Gebäude der Stadt stark beschädigt
und erst im Barock wieder aufgebaut. Der Hauptraum ist kreuzförmig angelegt; eine Kuppel überhöht sein Zentrum; Eckkompartimente ergänzen ihn im Westen, Prothesis und Diakonikon im
Osten zum Rechteck. Dieser Baukörper wird von Seitenschiffen
flankiert, die durch einen westlichen Innennarthex miteinander verbunden sind. Eine geräumige Empore umzieht den kreuzförmigen
Hauptraum auf drei Seiten. Im N, S und W umgibt den Bau eine
später veränderte Umgangshalle. Das Innere der Kirche zeigt
deutlich, daß man sich von den Grundformen byzantinischer Architektur entfernt hatte. Der Grund ist in erster Linie darin zu
suchen, daß man auf die einheimischen Baumaterialien angewiesen
war, die eine getreue Verwendung byzantinischer Formensprache
unmöglich machten; sie zwangen dazu, byzantinische Gestaltungsmerkmale in ein neues, einheimisches Material zu übertragen. Wie
bereits erwähnt, besaß man in Kiew und dem Umland keine Marmorvorkommen. So war man nicht in der Lage, für den Innenbau
monolithe Marmorsäulen zu verwenden. Es gab lediglich zwei
Marmorsäulen als Stützen der Westempore; bei ihnen handelte es
sich um Spolien, die vermutlich aus Cherson stammen, woher man
solche Architekturteile anscheinend regelmäßig beschaffte. Die
übrigen, aus Formziegeln aufgemauerten Stützen der *Sophienkathedrale* sind oktogonal oder werden aus einem quadratischen Pfei-
lerkern mit vorgelegten Halbsäulen gebildet.

Eine weitere, starke Abweichung von hauptstädtischen Vorbildern stellen die Gurtbögen dar, durch welche die Pfeiler zu einem
Rastersystem verbunden werden. Solche Bögen sind für den tech-
nischen Vorgang des Wölbens eine Erleichterung; denn man
konnte sie als Auflager für ein Lehrgerüst zur Konstruktion der
Tonnengewölbe verwenden. In Konstantinopel sind Gurtbögen
allerdings nicht in Kirchen, sondern allenfalls in Zweckbauten zu
finden. Die angeführten Eigenheiten, die sich durch andere er-

gänzen ließen, bewirken einen Raumcharakter, der mit dem der landläufigen byzantinischen Kirche nicht übereinstimmt. Auch die Ausstattung unterscheidet sich aufgrund verschiedenen Materials: Werden die Emporenschranken bei byzantinischen Kirchen aus Marmorplatten gebildet, so wählte man in Kiew als Material leichter zu beschaffendes Schiefergestein, das nach byzantinischer Manier mit reicher Ornamentik versehen wurde. Den Innenraum schmückt nicht etwa Marmor, sondern Malerei. Der Außenbau der Kiewer *Sophienkathedrale* wird überwiegend durch die barocke Formensprache der im späten 17. und beginnenden 18. Jahrhundert durchgeführten Wiederherstellungsarbeiten bestimmt. Lediglich die Ostseite der Anlage wurde bei Restaurierungen teilweise in ihren ursprünglichen Zustand zurückversetzt, indem man den späteren Verputz entfernte. Wie bei byzantinischen Bauten besteht das Mauerwerk aus Ziegeln mit Zwischenlagen von grob behauenen Bruchsteinen in der bewährten »Verdeckten-Schicht-Technik«.

Die Apsiden sind durch übereinanderliegende Reihen von im Grundriß rechteckigen Nischen gegliedert; nur die Hauptapsis weist auch eine Nische mit dem Grundriß eines Kreissegments auf.

Aufgrund der künstlerischen Abhängigkeit der Kiewer Kirchen von Byzanz und in Anbetracht ihrer Datierungen kann man sagen, daß es in Konstantinopel in Verdeckter-Schicht-Technik errichtete Bauten gegeben haben muß, die älter sind als die uns heute bekannten; folglich muß auch die Methode der konsequenten Nischengliederung früher entwickelt worden sein, als sich aus dem in Istanbul erhaltenen Denkmälerbestand ableiten läßt. Da die Kiewer *Sophienkathedrale* in die Zeit nach 1017 zu datieren ist, wird man sagen können, daß bereits im Laufe des 10. Jahrhunderts Nischen als eine Möglichkeit der Wandgliederung aufkamen; dabei stellt die flache, blendbogenartige Rechtecknische anscheinend die ältere Form dar, wohingegen in der Folgezeit plastischere Rundnischen bevorzugt wurden, wie sie in souveräner Gestaltungsweise die Ostseiten der *Gül Camii*, der *Chorakirche* oder des *Pantokratorklosters* optisch bestimmen.

Ohne unmittelbare Parallele im byzantinischen Bereich sind die halbrunden Wandvorlagen, welche die Kanten der polygonal gebrochenen Hauptapsis der *Sophienkathedrale* akzentuieren. Man fühlt sich dabei an die Wandvorlagen der *Bodrum Camii* erinnert und möchte vermuten, daß solche vertikalen, aus vorfabrizierten Formziegeln zusammengefügten Gliederungselemente auch in der Architekturgestaltung Konstantinopels eine größere Rolle gespielt haben, als an den bis heute erhaltenen Bauten erkennbar ist. Diese Annahme wird durch Grabungsbefunde bekräftigt, wonach Gliederungen aus Formziegeln auch schon bei der *Desjatinna* existierten und auch die ehemaligen Längsseiten der *Sophienkathedrale* ein verwandtes, gestuftes Vorlagensystem aufwiesen.

Mit Hilfe der frühen Bauten der Kiewer Rus ist es möglich, unser Bild von der mittelbyzantinischen Architektur der Hauptstadt abzurunden; das gilt besonders für die Zeit zwischen der Mitte des 10. Jahrhunderts und der zweiten Hälfte des 11. Jahrhunderts, für eine Zeitspanne also, aus der sich keine nennenswerten Bauten in Istanbul erhalten haben.

Diese frühen, an mittelbyzantinischen Vorbildern orientierten und mit Hilfe byzantinischer Handwerker errichteten Bauten der Kiewer Rus bilden die Grundlage für die weitere Architekturentwicklung auf russischem Boden. In Kiew wurden noch weitere, heute stark veränderte oder inzwischen völlig zerstörte Bauten errichtet: Von ihnen sollen hier die Kirchen des *Wydubickij*- und des *Lawra-Klosters* stellvertretend für eine Gruppe mittelgroßer Kuppelkirchen genannt werden; ferner sei die weitgehend erhaltene *Auferstehungskathedrale* in Tschernigow erwähnt, an der Bauleute beschäftigt waren, die unmittelbar zuvor auch bei der Kiewer *Sophienkathedrale* gearbeitet haben müssen. Ausgehend von dieser Bautengruppe schlug die Architekturentwicklung der Kiewer Rus ihre eigenen Wege ein. Ein äußeres Zeichen ihrer wachsenden, sich von byzantinischen Vorbildern entfernenden Selbständigkeit ist zum Beispiel der Umstand, daß man gegen Ende des 11. Jahrhunderts – ganz im Gegensatz zu Konstantinopel – die »Verdeckte-Schicht-Technik« aufgab und statt ihrer Ziegel mit völlig anderen Kantenmaßen, als sie in Byzanz üblich waren, verwendete.

SPÄTBYZANTINISCHE ARCHITEKTUR (13.–15. JHDT): VON DER LATEINISCHEN EROBERUNG ZUM UNTERGANG DES REICHES

Die Eroberung Konstantinopels durch die Kreuzfahrer am 13. April 1204 setzte dem Byzantinischen Reich ein vorläufiges Ende. Die treibende Kraft bei dem Überfall eines christlichen Heeres auf eine christliche Stadt waren die Venezianer unter der Führung des Dogen Enrico Dandolo, der es geschickt verstand, die Geldnot der Kreuzfahrer ebenso auszunutzen wie ihr Ressentiment gegenüber den orthodoxen Byzantinern. Die Eroberung war gekennzeichnet durch Blutvergießen sowie durch Raub und Zerstörung materieller und kultureller Werte, an denen Konstantinopel als herausragende Metropole des hohen Mittelalters reich war. Bereits vor der endgültigen Eroberung der Stadt wurden Verträge geschlossen, in denen sich die Führer des Kreuzzugs darüber einigten, wie die Stadt und das Reich unter ihnen aufgeteilt werden sollten. Die Mächtigen des Byzantinischen Reiches hatten sich nach Kleinasien zurückgezogen; dort bildeten sich kleine Herrschaftsbereiche, von denen Nizäa bald die führende Rolle übernahm und Theodor Laskaris zum Kaiser aufstieg. Zwar gelang den Byzantinern die Rückeroberung Konstantinopels 1261 fast zufällig; jedoch an eine Konsolidierung des Staatsgebildes war nicht mehr zu denken. Die spätbyzantinische Zeit, in der die Dynastie der Paläologen die Kaiser stellte, war gekennzeichnet durch die diplomatischen Versuche, das Byzantinische Reich zu retten. Die Handelsstädte Venedig und Genua wurden gegeneinander ausgespielt; man versuchte, die westliche Bedrohung durch das Angebot einer Wiedervereinigung der westlichen mit der östlichen Kirche abzuwenden, und verstrickte sich immer tiefer und verfänglicher in ein Netz äußerer Abhängigkeiten.

Aus den letzten zwei Jahrhunderten des Byzantinischen Reiches, das im Kampf mit den Osmanen immer weiter schrumpfte, haben sich in Konstantinopel einige Bauten und bauliche Reste erhalten,

Trapezunt, Hagia Sophia; Südostansicht ▸

deren künstlerische Qualität nicht viel von der politischen und wirtschaftlichen Labilität des Staates erahnen läßt.

Bevor die spätbyzantinischen Bauten Konstantinopels vorgestellt werden sollen, sei ein Kirchenbau erwähnt, der noch in der Zeit des Lateinischen Kaiserreiches in Trapezunt errichtet wurde. Wohl unabhängig von der Eroberung Konstantinopels durch die Kreuzfahrer wurde von den Brüdern Alexios und David Komnenos das Kaiserreich Trapezunt gegründet, das – von einer kurzen Zwischenzeit abgesehen – eine byzantinische »Insel« am Rande des seldschukischen, islamischen Kleinasiens bildete; es bestand bis 1461 – länger als das Kaiserreich von Konstantinopel. Die *Hagia Sophia* in Trapezunt wurde zwischen 1250 und 1260 errichtet. Ihr Grundriß entspricht dem Kreuzkuppelschema, zeigt jedoch kein ausgeglichenes Verhältnis von Länge zu Breite, sondern erscheint gestreckt. Das Tonnenkreuz wird im Zentrum durch den von vier Säulen getragenen Kuppeltambour überhöht. Der westliche Kreuzarm ist länger als die übrigen. Die Kirche besitzt im W einen Narthex; in seinem oberen Geschoß befindet sich eine Kapelle mit kleiner Ostapsis und Fenstern zum Kirchenraum hin – eine im

westlichen Europa geläufige Bauform, die jedoch für den byzantinischen Kirchenbau ungewöhnlich ist. Im W, N und S besaß die *Hagia Sophia* Eingänge mit tonnengewölbten großen Vorhallen, die von außen durch die den Portalen gegenüberliegenden Tripelarkaden zugänglich waren. Vorhallen dieser Art waren im byzantinischen Kernbereich ungebräuchlich; sie weisen vielmehr auf georgisch-armenischen Einfluß hin, der darin seine Erklärung findet, daß die Gründung des Kaiserreiches Trapezunt vom georgischen, mit den Komnenen verwandten Königshaus gefördert wurde. Ein weiteres Merkmal deutet auf östliche Anregungen: Die *Hagia Sophia* erhebt sich auf einem großen, massiven Sockel, wie er – in kleineren, auf den Kirchenbereich beschränkten Ausmaßen – auch bei armenischen Bauten anzutreffen ist.

Der räumliche Aufbau der Kirche entspricht in seinem Grundschema der byzantinischen Bautradition; hingegen finden sich in den Details sowohl lokale Komponenten, die ebenso bei jüngeren Bauten Trapezunts vorkommen, als auch fremde Einflüsse: Bei der

Trapezunt,
Hagia Sophia;
Kuppelzone,
Bema und
Apsis
mit Resten
von
Wandgemälden

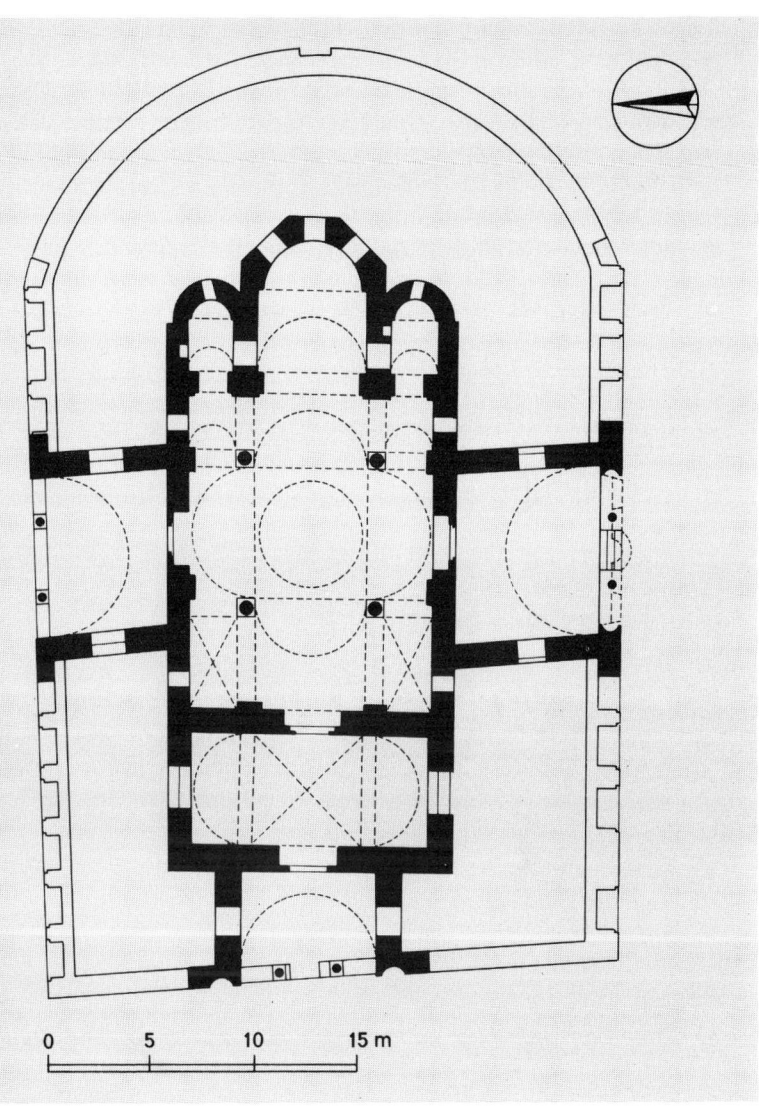

0   5   10   15 m

Trapezunt, Hagia Sophia

Architekturplastik und der malerischen Ausstattung begegnen uns seldschukische Motive. Eine Analyse dieser Arbeiten führte zu dem Resultat, daß neben seldschukischen auch einheimische Handwerker Motive islamischer Kunst verarbeitet haben. Wie bei armenischen Bauten wird auch hier deutlich, daß die islamischen Seldschuken nicht nur eine Bedrohung christlicher Staatsgebilde waren, sondern zugleich künstlerische Anregungen boten, besonders im Bereich der Flächendekoration. Neben kriegerischen Auseinandersetzungen kennzeichneten offenbar auch freundschaftliche Beziehungen das Verhältnis des Kaiserreiches Trapezunt zu seinen Nachbarn.

Zwischen 1282 und 1304 wurde von der Witwe des Kaisers Michael VIII. Paläologos die *Johannes-Prodromos-Kirche* des Lipsklosters in Konstantinopel gegründet. Dieser Bau schloß unmittelbar südlich an die mittelbyzantinische *Theotokoskirche* an und bildet mit ihr eine Doppelanlage. Der quadratische Kuppelraum

Istanbul, Lipskloster (Fenari Isa Camii); dekorative Ziegelsetzung am Umgang der Johannes-Prodromos-Kirche

wird auf drei Seiten von Tripelarkaden begrenzt, die zwischen die Kuppelpfeiler eingespannt sind; im O schließt sich die Apsis mit einem vorgelegten, kreuzgratgewölbten Vorjoch an. Den Mittelraum umgibt im S, W und N ein niedrigerer Umgang, an den im O die Pastophorien angefügt sind; im W. ist ihm ein Narthex vorgelegt. Im 14. Jahrhundert wurde ein vor beiden Kirchen liegender äußerer Narthex errichtet, dem sich ein südlich an die *Johannes-Prodromos-Kirche* angefügter Umgang anschloß. Das Grundprinzip, das der *Johannes-Prodromos-Kirche* zugrunde liegt, ist die Raumaddition und nicht die Raumverflechtung, die für mittelbyzantinische Bauten charakteristische unauflösbare Verquickung von Teilräumen. Dieses Zusammenfügen von weitgehend selbständigen Teilräumen begegnete uns bereits bei justinianischen Bauten und besonders beim sogenannten halbbasilikalen Typus der Kuppelkirche, der schon in der Endphase der mittelbyzantinischen Architektur in abgewandelter Form wiederaufgenommen wurde. Die halbbasilikalen Bauten besaßen Zentralräume mit mehr oder minder stark ausgeprägter Kreuzform, die in der Südkirche des Lipsklosters nicht mehr vorhanden ist. Der unkomplizierte räumliche Aufbau erhält dadurch einen besonderen Reiz, daß die Trennung zwischen den addierten Raumteilen durch Arkaturen vorgenommen wird, die räumliche Transparenz bewirken, so daß der Charakter des einen Teilraumes durch den des anderen mitbestimmt wird. So einfach wie der Aufbau des Inneren ist der Außenbau, der von dem überkuppelten Zentralraum mit anschließendem Chor beherrscht wird. Die architektonische Gliederung bedient sich der Möglichkeiten, die bereits in mittelbyzantinischer Zeit üblich waren. Die polygonale Apsis des Bemas besitzt Blendnischen, die in drei Zonen übereinandergeordnet sind; das Apsisfenster wird von einer Tripelarkade gebildet, wobei eine schlanke Proportionierung aller Teile angestrebt wurde.

Bei den gestalterischen Mitteln ist eine kontinuierliche Fortführung der mittelbyzantinischen Praxis festzustellen, die sich besonders in der dreidimensionalen, durch Licht- und Schatteneffekte charakterisierten Nischengliederung offenbart; hingegen kommt der Mauerfläche eine bisher in Konstantinopel in diesem Umfang unbekannte Bedeutung zu: Man machte sich die polychrome Wirkung zunutze, die sich durch den Wechsel von Steinquader- und Ziegellagen erreichen läßt; die in reinem Ziegelmauerwerk ausgeführten Wandteile wurden in ihrer Oberflächenwirkung durch ornamentale Anordnung der einzelnen Ziegel als Zierflächen und Zierfriese gestaltet. Die aufwendigste architektonische und dekorative Gestaltung erfuhren auch bei älteren Bauten die Apsidenseiten; bei der Ostseite der *Johannes-Prodromos-Kirche* jedoch sind die architektonisch ungegliederten Restflächen der Wand so dicht mit Ornamenten überzogen, daß man fast von einem Horror vacui sprechen möchte: An der Hauptapsis sind unterhalb des Dachansatzes die Ziegel so angeordnet, daß sie optisch wie ein Konsolgesims wirken (ein Motiv, wie es ähnlich bereits bei den Seitenapsiden der *Gül Camii* vorkommt). Ebenfalls in der Wandzone oberhalb der oberen Nischenreihe befindet sich ein Fries, der aus zwei Mäandern gebildet wird, die miteinander verflochten sind. Zwischen der oberen und der mittleren Nischenzone sind die Flächen der Polygonseiten bis in die Bogenzwickel der mittleren Nischen und der Fenster hinein mit einem Ziegelmuster versehen, das an Korbgeflecht erinnert. Die Felder über den Fensterarkaden besitzen zudem jeweils ein an ein Sonnenrad erinnerndes Ornament. Bei der unteren Nischenreihe, die nach oben durch ein Gesims begrenzt ist, sind die Zwickel zwischen den Bögen geometrisch gestaltet. Auch die Apsis des Diakonikons weist reiche Flächenornamente auf: Zickzackformen sind zu einem Fries aneinandergereiht; zwei einfache Mäander schließen sich zu einem Ornament zusammen; die beiden südlichen Arkaden des Tripelfensters werden von fünf darüberliegenden Ziegellagen nachgezeichnet. Neben diesen Schmuckformen, die sich auf architektonisch nicht gegliederte Wandflächen beziehen, werden – wie in mittelbyzantinischer Zeit – auch die Bogenzonen der (im Grundriß eckigen oder gerundeten) Nischen durch ornamentale Ziegelsetzungen geschmückt; dabei sind zwischen den Ornamenten der eigentlichen Kirche und denen des etwas später hinzugefügten, durch Arkaturen und Nischen gegliederten Anbaus kaum Unterschiede feststellbar. Es begegnen uns die gleichen Motive, die sich auch bei der *Gül Camii*, bei dem ältesten Teil der *Chorakirche* oder den Kirchen des *Pantokratorklosters* finden; darüber hinaus treten aber auch neue Varianten auf: Zickzack- und Rautenmuster sowie aneinandergereihte Halbkreisbögen.

Auch das *Pammakaristoskloster* (die *Fethiye Camii*) wurde durch eine südliche Kapelle erweitert, die im zweiten Jahrzehnt des 14. Jahrhunderts entstanden sein dürfte.

Dieses Paraëkklesion gehört dem Kreuzkuppeltypus an: Die Kreuzarme besitzen Kreuzgratgewölbe, Säulen tragen den Tambour mit seiner Schirmkuppel; die quadratischen Eckräume werden von kleinen, fensterlosen Kuppeln überwölbt. Das Innere der Kapelle zeichnet sich durch eine hohe Proportionierung aus: Die Höhe bis zum Scheitel der Kuppel mißt etwa doppelt so viel wie die Länge des Kirchenraumes ohne Chor und Apsis. Auffällig ist, daß der östliche Teil der Kapelle, nämlich das Bema mit den flankierenden Pastophorien, erheblich niedriger angelegt ist als der Kreuzkuppelraum, so daß über dem Ansatzbogen des Bemas eine große Fensteröffnung angebracht werden konnte. Dem Paraëkklesion ist westlich ein zweigeschossiger Narthex vorgestellt, in dessen

Istanbul, Pammakaristoskloster (Fethiye Camii); Südseite des Paraëkklesions

oberem Stockwerk sich eine zum Kirchenraum öffnende Empore befindet, die mit zwei Tambourkuppeln gedeckt ist.

Im Außenbau sind Paraëkklesion und Narthex zu einem kubischen Baublock zusammengefaßt, der von der zentralen Kuppel und den Nebenkuppeln des Narthex überragt wird. Die Form der Gewölbe zeichnet sich in der Dachzone leicht ab, die Raumordnung des Inneren wird jedoch nicht – wie in mittelbyzantinischer Zeit üblich – durch eine die ganze Wand umfassende Blendbogengliederung am Außenbau deutlich gemacht. Vielmehr wird die Südseite des Paraëkklesions durch drei übereinanderliegende Zonen von Fenstern, die den Narthex und die Kirche belichten, und Wandnischen gegliedert. Dabei ist charakteristisch, daß die Fensterformen sich untereinander nicht völlig gleichen und auch die Nischen verschiedene Formate aufweisen. Dieses Variieren von Proportion und Form ist nicht Folge flüchtiger Bauplanung oder -ausführung, sondern Mittel, einen symmetrischen, in seiner Wirkung strengen Aufbau zu vermeiden. Dieser Absicht entspricht auch die farbliche Gestaltung des Mauerwerks, die durch den Wechsel von Ziegel- und hellen Steinquaderlagen bestimmt wird. Darin entspricht das Paraëkklesion des *Pammakaristosklosters* der *Johannes-Prodromos-Kirche* des Lipsklosters; hingegen wurde von der dekorativen Wirkung der Ziegelornamentik nur sparsam Gebrauch gemacht.

Den beschriebenen gestalterischen Grundsätzen unterliegt auch die südliche Kapelle des *Choraklosters*, die zu Beginn des 14. Jahrhunderts von dem Großlogetheten Theodoros Metochites errichtet wurde. Diese Erweiterung war mit einer Wiederherstellung der mittelbyzantinischen Kirchenanlage verbunden, wobei der alte Baukern von neuen Anlagen umgeben wurde. Die Außenwand dieses Paraëkklesions zeigt eine architektonische Gestaltung, die auf den räumlichen Aufbau des Innenraumes kaum Bezug nimmt. Bei dieser Kapelle, die vom Narthexbereich durch eine Arkatur getrennt wird, handelt es sich um einen einschiffigen Bau, der sich von W nach O aus einem von kurzen Tonnengewölben begrenzten Kuppeljoch, einem Joch mit Kappengewölbe und der Apsis mit kurzem Vorjoch zusammensetzt. Die südliche Außenwand, die keine Zäsur zwischen Kapellen- und Narthexbereich zeigt, ist in der Horizontalen durch ein Marmorgesims in zwei Zonen geteilt. Der untere Teil besitzt gestufte Wandvorlagen mit vorgesetzten gemauerten Halbsäulen, die im oberen Bereich zum Teil mit Blendbögen unterschiedlicher Spannweite verbunden sind.

Auch bei dieser Kapelle zeigt sich die – im Vergleich zur mittelbyzantinischen Zeit – größere Freiheit der Baugliederung, die aufgrund ihrer Verselbständigung vom räumlichen, inneren Aufbau ein dominantes dekoratives Moment besitzt, eine malerische Komponente, die durch den regelmäßigen farblichen Wechsel von vier Steinquaderlagen mit vier Ziegellagen unterstützt wird.

Von den Palästen Konstantinopels hat sich nur ein Gebäude so weit erhalten, daß sich ohne umfangreiche Rekonstruktionsüberlegungen noch eine Vorstellung von seinem ursprünglichen Aussehen gewinnen läßt: Der *Tekfur Saray* wurde lange in mittelbyzantinische Zeit datiert und für den Palast des Kaisers Konstantin Porphyrogenetos gehalten; aber er gehört wohl doch der spät-

Istanbul, Tekfur Saray; Hofansicht

Istanbul, Tekfur Saray; Hofansicht, Zone zwischen dem 1. und 2. Obergeschoß

byzantinischen Zeit an. Die nach Norden gerichtete Hofseite des *Tekfur Saray* besitzt eine aufwendig gestaltete Fassade. Das Erdgeschoß öffnet sich in zwei Doppelarkaden; es diente einst wohl als großer Saal, der durch zwei Säulenreihen dreigeteilt und mit Kreuzgratgewölben gedeckt war. Darüber lagen zwei weitere, flach gedeckte Geschosse, die mit großen Rundbogenöffnungen zum Hof hin versehen waren. Die durch die Geschoßzahl bedingte Dreiteilung der Fassade ist nicht zur alleinigen Grundlage der dekorativen Gestaltung gemacht worden. Durch Blendarkaturen wurden die Fenster des ersten Obergeschosses den Zwillingsarkaden der Halle des Grundgeschosses zugeordnet und bilden mit ihnen eine architektonische Gliederungseinheit. Ihr gegenüber ist das zweite Obergeschoß dadurch deutlich abgesetzt, daß hier die Bogenöffnungen keinen direkten Bezug auf den unteren Bereich der Fassade nehmen. Die Fenster der beiden Obergeschosse sind nicht axial einander zugeordnet, sondern so gegeneinander verschoben, daß vier Fenster des ersten Obergeschosses fünf Fenstern im zweiten Obergeschoß entsprechen.

Die in früh- und mittelbyzantinischer Zeit stets beachtete Symmetrie einer Fassade oder eines in sich geschlossenen Fassadenteiles ist bei der Gestaltung der Hofseite des *Tekfur Saray* nicht zugrunde gelegt worden. Damit wird letzten Endes die gleiche Wirkung erreicht wie durch die Unregelmäßigkeiten und Maßunterschiede zwischen gleichartigen architektonischen Gliederungselementen (wie sie sich etwa bei den Paraëkklesien des *Pammakaristos*- und des *Choraklosters* feststellen lassen).

Beim Mauerwerk wechseln jeweils drei Lagen gut behauener Steinquader mit drei Ziegellagen. Jedoch wird die auf diese Weise erreichte polychrome Wirkung überlagert und in den Hintergrund gedrängt durch eine kleinteilige, formfreudige Ornamentik, welche die Zwickel zwischen den Fensterbögen ausfüllt und in Gestalt eines Frieses das erste Obergeschoß optisch vom zweiten trennt. Wurde eine ornamentale Oberflächengestaltung bei den anderen spätbyzantinischen Bauten Konstantinopels fast ausschließlich durch Vermauerung von Ziegeln erreicht, so tritt beim *Tekfur Saray* die Polychromie hinzu: Ziegel wurden mit Steinen zu Rosetten-, Rauten-, Schachbrettmustern und ähnlichen geometrischen Ornamentflächen kombiniert. Die Fensterbögen des zweiten Obergeschosses werden zudem noch jeweils von zwei Reihen eingemauerter Tonröhrchen nachgezeichnet, deren Öffnungen allem Anschein nach ursprünglich mit Glasfluß geschlossen waren und weitere farbliche Akzente setzten. Die kleinteiligen, von großer Phantasie und Sensibilität zeugenden Schmuckformen unterstützen in ihrer Vielfältigkeit den malerischen Gesamteindruck der Fassade und erzielen eine Wirkung repräsentativer Kostbarkeit, wie sie in vergleichbarer Form an keinem anderen Bau Konstantinopels zu beobachten ist. Eine weitere Belebung der Außenansicht erfuhr der *Tekfur Saray* durch eine hölzerne Galerie, die um eine Schmalseite in Höhe des zweiten Obergeschosses herumgeführt wurde; von der Konstruktion haben sich noch Konsolsteine, die aus dem Mauerwerk herausragen, erhalten. Die heutigen Stufengiebel allerdings sind eine fehlerhafte Rekonstruktion, die sich bei der Restaurierung eingeschlichen hat.

Die Bauornamentik – durch »textile« Oberflächengestaltung und Polychromie – ist ein Merkmal, das die gesamte spätbyzantinische Architektur auszeichnet und für die Hauptstadt sowie für die Architektur der Provinzen und der direkt beeinflußten Nachbarländer charakteristisch ist.

Die Eroberung Konstantinopels durch die Kreuzfahrer 1204 war auch für Griechenland von entscheidender Bedeutung. Die griechische Provinz wurde in verschiedene Herrschaftsbereiche aufgeteilt. Auch nachdem Konstantinopel 1261 von den Byzantinern zurückerobert worden war, fand eine neue Anbindung Griechenlands an das Byzantinische Reich nur bedingt statt. Die Architektur der spätbyzantinischen Zeit macht keine tiefgreifenden Entwicklungen mehr durch, wenn auch durchaus noch künstlerisch hochstehende Bauten entstanden. Daß es aufgrund der Lateinischen Herrschaft auch zu künstlerischen Kontakten zwischen Ost und West kam, zeigt besonders eindrücklich die im Zusammenhang mit den Bauten des »Acht-Stützen-Typus« angeführte Palastkirche *Paragoritissa* in Arta, die der byzantinische Edelmann Michael Angelos Komnenos Dukas als Despot von Epirus errichten ließ.

Saloniki war bis 1244 fränkisches Königreich. Dann gehörte es für wenige Jahre zum Despotat Epirus und wurde bereits vor der Rückeroberung Konstantinopels wieder an das Byzantinische Reich angeschlossen, dessen Residenz während des Lateinischen Interregnums Nizäa war. Seit dem Ende des 13. Jahrhunderts kam es in Saloniki wieder zu größerer künstlerischer Aktivität. Die Kirche *Hagia Katharini*, vermutlich ein Bau des späten 13. Jahrhunderts, besitzt einen Grundriß und räumlichen Aufbau, wie sie für die spätbyzantinischen Bauten der Stadt typisch gewesen zu sein scheinen. Die *Hagia Katharini* gehört dem Kreuzkuppeltypus an; jedoch ist die in mittelbyzantinischer Zeit charakteristische Ebenmäßigkeit der Raumteile nun einer stärkeren Betonung der Kreuzarme und des Kuppelquadrats gewichen, so daß die Eckräume innerhalb des Raumgefüges als kleine Kompartimente kaum noch eine Rolle spielen. Diese Kirche ist im S, W und N von einem Umgang eingefaßt, dessen Ostenden und westliche Ecken Kuppeln in oktogonalen Tambouren besitzen, die gemeinsam mit dem zentralen Kuppeltambour die architektonischen Akzente setzen.

Von gleicher Disposition ist die Kirche *Hagii Apostoli*, die zwischen 1312 und 1315 entstanden ist. Wiederum umgibt ein Umgang die eigentliche Kirche; auch er besitzt an seinen Ecken Kuppeln. Wie die *Hagia Katharini* zeichnet auch die Kirche *Hagii Apostoli* eine hohe Proportionierung aus. Der entscheidendste Unterschied zwischen beiden Bauten ist wohl die dekorative Behandlung des Mauerwerkes. Wurde bei der *Hagia Katharini* das für die mittelbyzantinischen Bauten besonders Nordgriechenlands charakteristische Mauerwerk verwendet (bei dem Steinquader an allen vier Seiten rahmenartig von Ziegeln eingefaßt werden), so ist die Apsidenseite bei *Hagii Apostoli* mit Ziegelornamenten geradezu überzogen. Die Verwendung von Steinquadern beschränkt sich bei den Apsiden im wesentlichen auf den unteren Mauerbereich. Ge-

Istanbul, Tekfur Saray; Hofansicht, Bogenzwickel im 1. Obergeschoß

Saloniki, Apostelkirche (Norden links)

172

trennt von waagerecht vermauerten Ziegellagen bestimmen Bänder von ornamental vermauerten Ziegeln den optischen Eindruck des Mauerwerks: verschränkte Zickzackmuster, Wellen- und Rautenformen, vereinfachte Mäander und Disken. Im reizvollen Gegensatz stehen dabei die in horizontaler Richtung verlaufenden Ornamente zum unteren, mit hohen, schlanken Rechtecknischen gegliederten Teil der Apsiden. Bezeichnend sowohl für die *Hagia Katharini* als auch für *Hagii Apostoli* ist, daß die Dachform der Kreuzarme die Rundung der Tonnengewölbe nachzeichnet. Damit scheint bei diesen Bauten eine formale Angleichung an die hauptstädtische Architektur erfolgt zu sein, indem die für griechische Kirchen bis ins 11. und 12. Jahrhundert hinein typischen Satteldächer durch eine organischere Form abgelöst wurden. Eine entsprechende Angleichung findet sich auch bei anderen Bauten Salonikis wie etwa der Kirche *Hagios Panteleimon*, einer Kreuzkuppelkirche mit kreuzgratgewölbten Eckräumen und einem Narthex, der wohl nachträglich ein Umgang angefügt wurde.

Einen guten Eindruck spätbyzantinischer Architektur sowohl des sakralen als auch des profanen Bereiches vermittelt die Ruinenstadt *Mistra* auf der Peloponnes. Die Stadt wurde 1249 während der Frankenherrschaft von Wilhelm II. Villehardouin als »Myzethras« gegründet. Bereits 1262 war Mistra byzantinischer Stützpunkt und ein Ausgangsort für die Rückeroberung Griechenlands. Nach glanzvoller, aber kurzer Geschichte begann mit der Eroberung der Stadt durch die Türken 1460 der Niedergang. Im 19. Jahrhundert wurde Mistra verlassen, nachdem König Otto das nahegelegene Neue Sparta gegründet hatte. Eine der ältesten kirchlichen Anlagen Mistras ist das Brontochionkloster, von dem innerhalb eines Ruinenkomplexes noch die zwei Kirchen *Hagii Theodori* und *Panhagia* erhalten sind.

Zwischen 1290 und 1295 wurde die Kirche *Hagii Theodori* gegründet, die ein spätes Beispiel des »Acht-Stützen-Typus« darstellt; ihre Grundriß- und Raumlösung schließt sich eng an die über zwei Jahrhunderte älteren Klosterkirchen in Daphni und Christianu an. Der Außenbau von *Hagii Theodori* wird durch den runden dominierenden Kuppeltambour bestimmt, bei dem die Fenster mit gleichgestalteten Nischen abwechseln. Die Apsidenseite wurde –

Mistra, Panhagia (»Aphendiko«) des Brontochionklosters

mit Ausnahme der Sockelzone und im Gegensatz zum größten Teil des übrigen Mauerwerks – sorgfältig aus Steinquadern gebildet, die von Ziegeln gerahmt sind. Zwischen Zahnschnittbändern befinden sich recht roh belassene Mauerteile, die ursprünglich verputzt und bemalt gewesen sein müssen.

Die *Panhagia*, die »Aphendiko« genannte jüngere Kirche des Brontochionklosters, wurde 1310 errichtet. In dieser Anlage wird ein älterer Bautypus wieder aufgenommen. Das Grundgeschoß der Kirche ist in rein basilikalem Schema gestaltet: Arkaturen mit jeweils drei Säulen trennen das Hauptschiff von den Nebenschiffen. Im Emporengeschoß wird der Grundriß jedoch nach dem Schema der Kreuzkuppelkirche abgewandelt. Über den äußeren Säulen der Arkaden des unteren Geschosses erheben sich kurze, gemauerte Pfeiler, welche die Vierung markieren und als Stützen des Kuppeltambours dienen. Die Eckräume des so entstehenden Kreuzkuppelgeschosses sind mit kleinen Kuppeln überwölbt. Man hat die Raumlösung der *Panhagia* mit der *Hagia Irene* in Konstantinopel verglichen; tatsächlich haben wir in der »Aphendiko« eine Kreuzkuppelbasilika in einer modernen Variante vor uns, wie sie in ähnlicher, wenn auch verkürzter und statisch einfacherer Form in der um 1100 entstandenen *Gül Camii* in Konstantinopel verwirklicht wurde. Der Außenbau der *Panhagia* ist nicht zuletzt wegen seiner Zweigeschossigkeit von monumentaler Wirkung. Das Tonnenkreuz wird von einem runden Tambour überragt, bei dem die Fenster mit kleineren Rundnischen abwechseln und die Fensterbögen die Kurvatur des Dachansatzes bestimmen. Die oktogonalen Tamboure der Nebenkuppeln betonen die Gebäudeecken; eine weitere Nebenkuppel mit Tambour akzentuiert die Mitte der Empore über dem Narthex. Die Apsiden erhalten besonderen Schmuck durch kleine Nischen unterhalb des Dachansatzes sowie über den Fen-

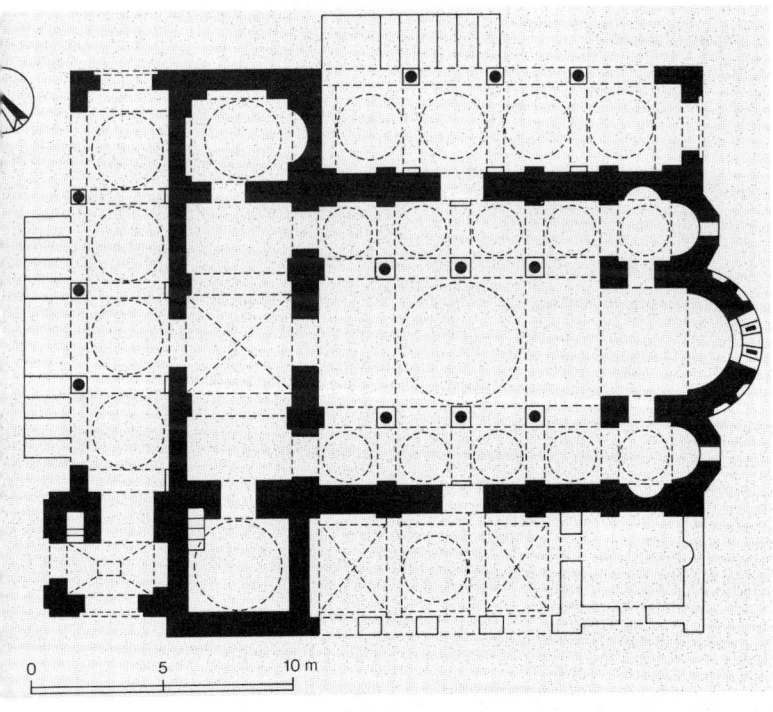

0   5   10 m

stern von Prothesis und Diakonikon – und durch große Nischen seitlich vom Tripelfenster der Hauptapsis. Der Südseite und dem Narthex waren offene Säulenhallen vorgelegt. Die südwestliche Ecke der Kirche wurde von einem Turm eingenommen, in dem man einen aus der Zeit der Frankenherrschaft herrührenden westlichen Einfluß vermuten kann – jedoch mit Vorbehalt; denn sicher hat es auch in Konstantinopel Türme gegeben, wenn auch keiner erhalten geblieben ist.

Der Grundrißtyp der *Panhagia* fand eine Nachahmung in *Hagios Demetrios*, der Metropolitankirche von Mistra. Diese Kirche ist eine Gründung des Metropoliten von Lakedämon, Nikephoros Moschoupolos, die 1291–92 erfolgte. Die heutige Gestalt der Anlage ist das Resultat eines Umbaues, den man in das 15. Jahrhundert datiert; in jedem Fall wird die Modernisierung der Metropolis nach dem Bau der *Panhagia* vorgenommen worden sein, da deren Raumlösung offensichtlich Vorbild für *Hagios Demetrios* gewesen ist. Bei *Hagios Demetrios* war der Gründungsbau eine Emporenbasilika mit Narthex, von der Konzeption her also ausgesprochen altertümlich; das ist eine verwunderliche Tatsache, wenn man bedenkt, daß der Stifter aus Konstantinopel stammte. Dieses basilikale Schema wurde vielleicht schon im 14., spätestens im 15. Jahrhundert nach dem Vorbild der *Panhagia* modernisiert, indem man das Emporengeschoß in der räumlichen Konstellation einer Kreuzkuppelkirche mit vier Nebenkuppeln in den Ecken neu errichtete.

Dem gleichen Bautyp gehört auch die *Pantanassakirche* an, die 1428 von Johannes Phrangopoulos, einem hohen Würdenträger Mistras, gegründet wurde. Sie orientierte sich offenbar weitgehend an der *Panhagia* des Brontochionklosters und besitzt ebenfalls im N und W Säulenvorhallen. Andersartig (und darin zeigt sich die spätere Entstehungszeit) ist jedoch die Gestaltung des Außenbaues, besonders der Apsidenseite.

Die in ihrer Kurvatur ineinander übergehenden Apsiden der *Pantanassa* sind in drei Zonen untergliedert: Die mittlere ist nach oben und unten durch ein Gesims begrenzt und besitzt eine Ornamentik, wie sie an keiner anderen Kirche Mistras vorkommt. Auf der Höhe der Fenster ist der Wand eine Blendarkatur vorgelegt,

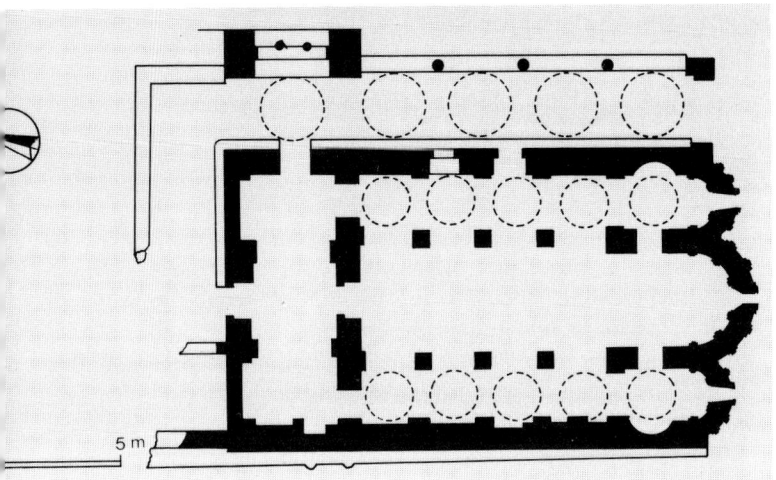

Mistra, Pantanassakirche

deren Bögen eine Mischform aus Spitz-, Kleeblatt- und Kielbogen darstellen; die Bogenscheitel wurden zusätzlich durch schmückende Blattornamente bereichert. Über der Arkatur findet sich eine Reihe von umgekehrten, mit ihren Scheiteln nach unten weisenden Blendbögen gleicher Art, die außerdem an den Bogenansätzen mit Lilienblättern versehen sind. Gotische Einflüsse sind bei dieser Ornamentik offensichtlich und ebenso beim Glockenturm festzustellen, der Dreipässe, Spitzbögen und wimpergartige Bekrönungen seitlich von der Turmkuppel aufweist.

Das Grundrißschema der *Panhagia* wurde zwar nachgeahmt, war jedoch für die spätbyzantinischen Bauten Mistras nicht verbindlich, wie die *Hagia Sophia* und die *Peribleptoskirche* zeigen, die aus dem 14. Jahrhundert stammen. Beide Kirchen gehören dem Typ der verkürzten Kreuzkuppelkirche an, dem wir erstmals bei griechischen Bauten des 11. Jahrhunderts begegnet sind; bei diesem Schema wird die Kuppelkonstruktion von den Scheidewänden zwischen Chor und Pastophorien einerseits und von zwei westlichen Freisäulen andererseits getragen.

AUSSTRAHLUNGEN DER BYZANTINISCHEN ARCHITEKTUR NACH WESTEN

Die byzantinische Architektur fand in den Nachbarländern, die mit dem Byzantinischen Reich in fortwährendem politischen und kirchlichen Kontakt standen, zahlreiche Nachahmungen. Die Kunst Konstantinopels und andrer Zentren des Reiches setzte die Maßstäbe, bestimmte das Aussehen und den Raumcharakter dieser Bauten. Wie sehr man sich am byzantinischen Vorbild orientierte, wurde exemplarisch an den frühen Bauten der Kiewer Rus gezeigt, die als die Grundlage der gesamten russischen Architektur des Mittelalters gelten können; sie waren noch wirksam, als die russische Architektur in zunehmendem Maße von der Baukunst Westeuropas bestimmt wurde. Ebenso wie für Kiew ließe sich die Bedeutung der byzantinischen Architektur auch für die nicht zum Byzantinischen Reich gehörenden Balkanländer aufzeigen.

Das Byzantinische Reich war zweifellos vom frühen bis ins hohe Mittelalter das politisch mächtigste und kulturell führende Staatsgebilde Europas. Daraus resultiert als Selbstverständlichkeit, daß die byzantinische Architektur auch für die Herausbildung einer westlichen christlichen Baukunst nicht unwesentlich war. Welche konkrete Bedeutung der byzantinischen Architektur für frühmittelalterliche und romanische Kirchenbauten zukommt, ist eine Frage, die sich kaum klar beantworten läßt. Ebenso verhält es sich mit dem Problem des westlichen Einflusses auf die byzantinische Architektur, besonders der späten Zeit. Da die formale und räumliche Charakteristik einer Kirche von der liturgischen Praxis unmittelbar abhängig ist, sind direkte Vergleiche zwischen östlichen und westlichen Kirchenbauten erschwert.

Rein byzantinische Bauten – etwa im Sinne von Repliken byzantinischer Vorbilder – gibt es im Westen nicht; was man an Byzantinischem verwertete, bedurfte der Anpassung an die eigene Bautradition. So sind auf dem Gebiet der Malerei, der Plastik und der

S. Pedro de la Nave (Provinz Zamora) ▶

Kleinkunst die byzantinischen Elemente erheblich leichter faßbar und nachweisbar. Zahllose byzantinische Kunst- und Handwerkserzeugnisse in westlichen Kirchenschätzen und Museen lassen die kulturelle Dominanz der östlichen christlichen Welt erahnen, die gleichermaßen Vorbild und Konkurrenz war; diese Duplizität wird eindrucksvoll von der heute im Musée Cluny in Paris aufbewahrten Elfenbeintafel verdeutlicht, auf der die Krönung Kaiser Ottos II. und seiner Gemahlin (einer Nichte des byzantinischen Kaisers Johannes Tsimiskes) durch Christus vorgenommen wird. In byzantinischer, das Gottesgnadentum symbolisierender Darstellungsweise wird der westliche Anspruch auf die Nachfolge des Römischen Reiches erhoben, wenigstens aber die Gleichberechtigung von Deutschem und byzantinischem Kaisertum behauptet – die Byzantiner müssen diese Auffassung als Anmaßung empfunden haben.

Die künstlerischen Anregungen, welche die westliche Welt empfing – nachdem das Byzantinische Reich, das unter Justinian vom Heiligen Land bis Spanien reichte, bald danach wieder auf den Bereich des östlichen Mittelmeerraums geschrumpft war – hatten ihre Ursache auch in politischen Ereignissen. Sowohl die Ausbrei-

tung des Islams seit dem 7. Jahrhundert als auch die Wirren des Ikonoklasmus (des Streits um die Verehrungswürdigkeit bildlicher Darstellungen, der zwischen 730 und 843 das Byzantinische Reich belastete) bewirkten die Auswanderung von Künstlern aus Byzanz und den Provinzen besonders nach Italien. Neben dieser daraus folgenden direkten Vermittlung byzantinischer Kunst kann jedoch ein anderer, mittelbarer Weg nicht übersehen werden: Der Islam bediente sich der künstlerischen Sprache und der Gestaltungsmittel der Länder, die er eroberte, absorbierte ihre Kunst, formte sie um und trug sie weiter. So ist es etwa bezeichnend, daß in der großen Moschee in Kairuan eine Vielzahl byzantinischer Kapitelle wiederverwendet wurde und daneben solche anzutreffen sind, die sich in ihrer die Ornamentik vereinfachenden Geometrisierung als Arbeiten islamischer Handwerker ausweisen, die sich an der Formensprache der vorgefundenen Kapitelle orientiert hatten.

Auch in der westgotischen Architektur Spaniens finden sich Hinweise auf byzantinische Anregungen. Daß trotz der großen Entfernungen kulturelle Verknüpfungen bestanden, wird durch zahlreiche Beispiele von Architekturplastik belegt, die zum Teil direkt aus dem Byzantinischen Reich importiert worden zu sein scheinen. Bereits im 7. Jahrhundert wurden in Spanien aus der basilikalen Form entwickelte Kirchen errichtet, die zwar zumeist keine Kuppeln besaßen, bei denen man aber ebenso wie in Byzanz bestrebt war, die longitudinale Raumform um eine zentralisierende Raumeinheit zu erweitern und zu beleben. Die Kirche S. *Comba de Bande* in der Provinz Orense, die 672 unter dem westgotischen König Rekkeswind errichtet wurde, folgte einem auch in Byzanz besonders bei kleinen Klosterkirchen gern verwendeten Grundrißschema: Die Kirche besteht aus einem Tonnenkreuz, dessen Zentrum durch ein Kreuzgratgewölbe in einem kurzen, rechteckigen Tambour überhöht wird.

Offensichtlicher als bei dieser Anlage sind die Beziehungen zur byzantinischen Architektur bei der Kirche S. *Pedro de la Nave* in der Provinz Zamora. Diese Anlage wurde unter König Egika um 691 errichtet (sie befindet sich nicht mehr an ihrem ursprünglichen Standort, sondern wurde beim Bau eines Stausees an den heutigen Platz versetzt). Die Basilika besitzt etwas östlich von der

Mitte ihrer Längserstreckung ein Querschiff, das die gleiche Breite und Höhe aufweist wie das Hauptschiff. Die Vierung der Kirche wird von einem rechteckigen Tambour überhöht, der zwar keine Kuppel besitzt, aber dennoch – wie beim Kloster *Alahan Monastiri* – die für die Kreuzkuppelbasilika charakteristische Zentralisierung bewirkt. Im Außenbau sind an die Schmalseiten des Querschiffes die kreuzformbetonende, vorhallenartige Räume angeschlossen, die jedoch im Inneren der Kirche nicht in Erscheinung treten und daher keine die Querrichtung steigernde Wirkung besitzen. Bemerkenswert ist bei *S. Pedro de la Nave* auch die räumliche Behandlung der Seitenschiffe, die im westlichen Teil der Kirche nicht nur zum Hauptschiff, sondern auch zum Querschiff hin durch Bogenstellungen abgeschirmt sind; im östlichen Bereich werden sie durch Mauern völlig vom Querschiff abgetrennt und bekommen dadurch ein den byzantinischen Pastophorien vergleichbares Eigenleben.

Der räumliche Aufbau einer Kuppelbasilika liegt der 857 von König Ordono gestifteten Kirche *S. Miguel de Liño* in Oviedo zugrunde, deren originaler Bestand sich auf den westlichen Teil des Gebäudes beschränkt. Trotz des entstellenden Ostteils ist die starke Zentralisierung des basilikalen Raumgefüges ebenso erkennbar wie die betonte Höhenentwicklung der Anlage. Wie bei mittelbyzantinischen Bauten sind die Dächer in verschiedene Höhenzonen gestaffelt. Der Zentralraum wird jedoch nicht von einer Kuppel überhöht, sondern ist längsrechteckig ausgebildet; er besitzt ein Satteldach und weist somit eine Gestaltungsform auf, die uns bereits im griechischen Kastoria begegnet ist.

Diese Beispiele früher Kirchenanlagen in Spanien ließen sich durch weitere ergänzen, die unter dem Aspekt ihres räumlichen Aufbaus Übereinstimmungen mit byzantinischen Bauten – besonders Kleinasiens und Griechenlands – aufweisen. Es wäre sicher ein zu weitreichender Schluß, würde man die westgotischen Kirchen in unmittelbarer Abhängigkeit von byzantinischen Vorbildern sehen. Da sie jedoch verwandte Merkmale in der räumlichen Gestaltung aufweisen, liegt es nahe, daß es sich bei den Übereinstimmungen um eine Folge der kulturellen Dominanz des Byzantinischen Reiches handelt, um Dokumente der kulturellen Bedeutung, die Byzanz in der christlichen Welt des frühen Mittelalters besaß.

S. Giovanni
Vecchio
(Kalabrien)

Die Vermittler christlich-byzantinischen Gedankengutes waren
wohl weniger Byzantiner aus Konstantinopel oder seinem unmittelbaren Umland; geht man von den Charakteristika westgotischer
Architektur aus, so sind die Vermittler wohl eher in den Provinzen
zu suchen. Es werden dies nicht nur Händler gewesen sein, sondern
ebenso Flüchtlinge, die bei der Ausbreitung des Islams sowohl aus
den östlichen byzantinischen Provinzen als auch aus Nordafrika in
christliche Länder emigrierten und dort eine neue Heimat fanden.

In Süditalien ergibt sich für eine Periode der mittelbyzantinischen Zeit ein ungewöhnlich vergleichbares Bild: Im 9. Jahrhundert
begannen von Afrika aus die Übergriffe der islamischen Araber auf
Sizilien. Diese Bedrohung des byzantinischen Randgebietes wurde
vom byzantinischen Kaiser Basileios I. mit kriegerischen Maßnah-
men beantwortet, die den Bestand der Provinz für einen weiteren

Ss. Pietro e Paolo bei Antillo, Südseite ▶

Zeitabschnitt sicherten. Die Gefahr islamischer Eroberung war nach den Kämpfen durchaus nicht gebannt; die Araber fielen auf Beutezügen immer wieder in Sizilien und Süditalien ein, wobei es jedoch nicht zu einer Eroberung kam. Mit der Islamisierung weiter Teile des byzantinischen Ostens waren christliche Byzantiner nach Westen geflohen. Besonders das südliche Italien scheint ein Sammelbecken für diese Emigranten gewesen zu sein. Unter ihnen befanden sich zahlreiche Mönche, die sich in Gemeinschaften zusammenschlossen und in Höhlenklöstern lebten. Diese Mönche wurden von den Zeitgenossen »Basilianer« genannt; denn man ging von der falschen Vorstellung aus, daß es wie im Westen feste Ordensregeln gebe und die griechischen Mönche nach der Regel des Heiligen Basilius lebten. In Wahrheit besaß jedoch jedes Kloster eine eigene Regel, das sogenannte Typikon. Eigene Klosterbauten errichteten die Basilianer aber erst seit dem 11. Jahrhundert, als Sizilien und Süditalien allmählich von den Normannen erobert wurden. Von diesen Klöstern der Basilianer haben sich einige Kirchenbauten erhalten, deren Formensprache und räumlicher Aufbau auf byzantinische und auch islamische Bautradition hinweisen. Die

in den Bergen Kalabriens gelegene Kirche *S. Giovanni Vecchio* wurde zu Beginn des 12. Jahrhunderts gegründet und durch eine Stiftung Rogers I. gefördert. Der einschiffige Bau läßt sich in den Narthex, das Langhaus und den dreiteiligen Chor gliedern, wobei sowohl in der Grundrißgestaltung als auch in der formalen Durchbildung und handwerklichen Ausführung dem Ostteil besondere Bedeutung zukommt. Langhaus und Narthex wurden aus Bruch- und Feldsteinen errichtet; hingegen zeigt der Chorbereich, der einen Kuppelraum mit anschließendem Gewölbejoch und Apsis sowie zwei flankierende Kapellenräume umfaßt, eine reiche Lisenen- und Blendbogengliederung, deren ornamentale Wirkung durch die Polychromie der Wandmauerung unterstützt wird, wobei Ziegel vertikal, horizontal und plattenartig vermauert wurden und Lagen unbehauener Feldsteine sowie Steinquader für eine lebhafte Oberflächenstruktur sorgen. Das Kuppelquadrat ist durch einen rechteckigen, mit Blendbögen gegliederten Baublock überhöht, der einen runden Kuppeltambour trägt, dem seinerseits Säulenarkaden vorgeblendet sind. Was bei *S. Giovanni Vecchio* unmittelbar an byzantinische Bautradition erinnert, ist sowohl die Kuppelbasiliken assoziierende Zentralisierung des östlichen Kirchenteils, dessen Kuppeltambour besonders an griechische Kirchen denken läßt, als auch die lebhafte, polychrome Oberflächenstruktur des Mauerwerkes sowie die Gliederungsfreudigkeit.

Große Verwandtschaft mit *S. Giovanni Vecchio* zeigt die Klosterkirche *S. Maria de' Tridetti*, die wohl ebenfalls ins 12. Jahrhundert zu datieren ist. Die Anlage gehört zum Typus der dreischiffigen Basilika und besitzt unmittelbar vor der Hauptapsis ein überkuppeltes Chorjoch. Die Konzeption des zentralisierten Chorbereichs ähnelt der von *S. Giovanni Vecchio* insofern, als das Kuppeljoch durch einen Kubus überhöht ist, auf dem hier jedoch kein runder Kuppeltambour aufsetzt, sondern ein kleinerer, rechteckiger Baukörper als Tambour dient. Auch bei *S. Maria de' Tridetti* erinnert der räumliche Aufbau der Kirche an Kuppelbasiliken, wenn auch die Kuppelkonstruktion nicht die Mitte des Schiffes überhöht, sondern dem Chor einen besonderen Akzent verleiht.

Bei der 1171–72 gegründeten Klosterkirche *Ss. Pietro e Paolo* bei Antillo, als deren Architekt auf einer griechischen Portalinschrift »Gerhard der Franke« genannt wird, handelt es sich um eine dreischiffige Basilika. Ihr Aussehen ist dadurch bestimmt, daß sowohl das sehr hohe, an mittelbyzantinische Proportionierung erinnernde Hauptschiff als auch die Nebenschiffe auf den Oberseiten plattformartig ausgebildet sind. Diese Dachausbildung und besonders der Zinnenkranz über den Wänden des Hauptschiffs verleihen dem Bauwerk einen wehrhaften Charakter. Das Mittelschiff besitzt zwei Tambourkuppeln; während die größere über der Mitte des Schiffs liegt und damit dem Bautypus der Kuppelbasilika folgt, akzentuiert die kleinere den Chorbereich. Der Außenbau der Kirche zeichnet sich durch noch größere Ornament- und Gliederungsfreudigkeit aus als die zuvor beschriebenen Basilianerkirchen. Einander kreuzende Blendbögen umziehen die Kirche; die Wirkung der Wände wird durch den Wechsel sowie die ornamentale Anordnung von Ziegeln und verschiedenfarbigem Steinmaterial bestimmt.

Stilo, Cattolica

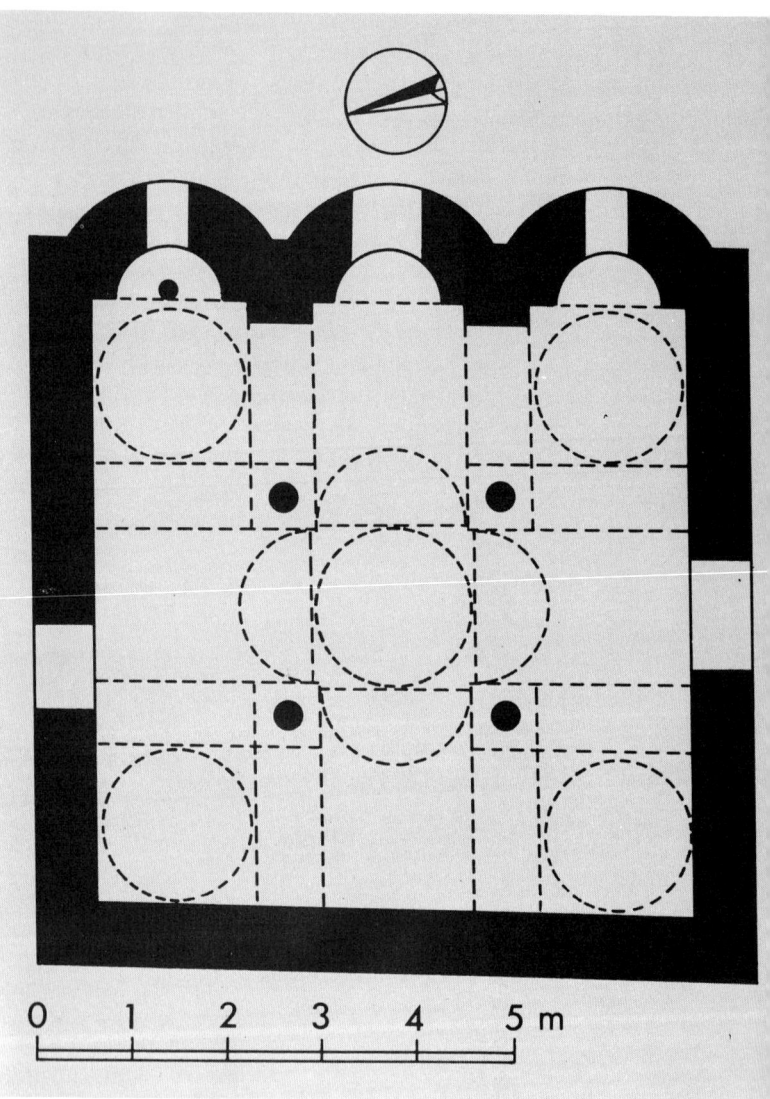

Stilo, Cattolica

Neben solchen Anklängen an byzantinische Architektur, die mehr den Bereich der Gestaltung als den des räumlichen Aufbaus berühren, gibt es Kirchen, die sich in dieser Hinsicht ganz eng byzantinischen Vorbildern anschließen. Sowohl die *Cattolica* in Stilo als auch *S. Marco* in Rossano, beide vermutlich im 11. oder 12. Jahrhundert errichtet, gehören dem Grundrißtypus der Kreuzkuppelkirche an. Der räumliche Aufbau ist durch ein Tonnenkreuz mit Zentralkuppel bestimmt; auch die Eckkompartimente besitzen Kuppeln, die jedoch etwas kleiner sind. Während im Innenraum der *Cattolica* in Stilo Säulen als Stützen der Zentralkuppel dienen, sind es in *S. Marco* zu Rossano Pfeiler, die aber eine transparente Raumstruktur wie in Stilo nicht aufkommen lassen. An den Kreuzkuppelraum schließen sich nach O nicht ein Chorjoch und flankierende Pastophorien an, sondern lediglich die halbrunden Apsiden. Das Besondere dieser beiden kleinen Kirchen liegt in folgendem: Das Tonnenkreuz ist so proportioniert, daß alle Kuppeljoche dieselben Grundrißmaße besitzen; hierin und im fehlenden Chorjoch mit flankierenden Pastophorien weichen die *Cattolica* und *S. Marco* vom Normaltypus der byzantinischen Kreuzkuppelkirche ab.

Rossano,
S. Marco,
Ostseite

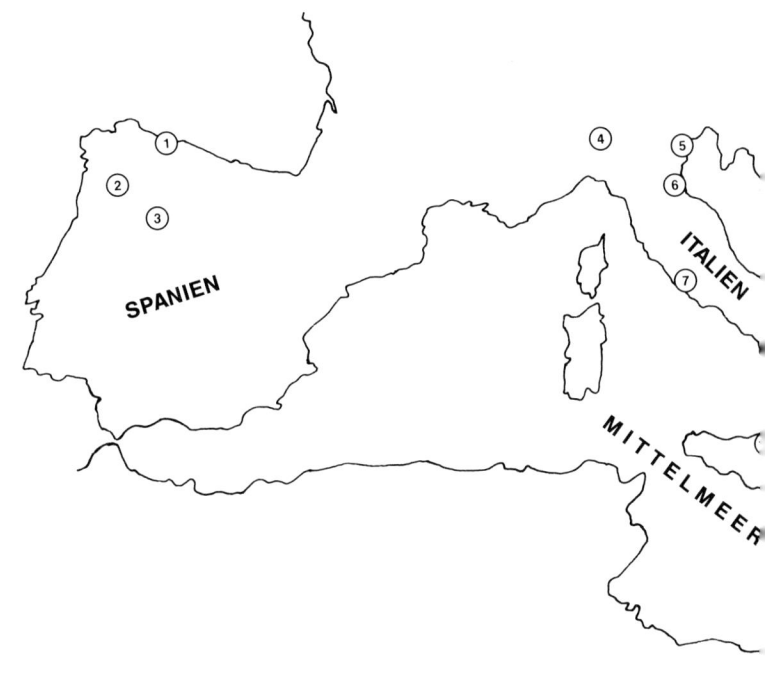

SPANIEN

ITALIEN

MITTELMEER

Aghtamar 30
Alahan Monastiri 26
Ani 32
Antalya 25
Antillo 10
Antiochia 27
Arta 14

Athen 16
Bande 2
Cherson 33
Chios 21
Christianu 18
Ephesus 24
Gortys 19

Hosios Lukas 15
Kars 32
Kastoria 11
Konstantinopel 22
Mailand 4
Meriamlik 26
Mistra 17

SCHWARZES MEER

TÜRKEI

Monemvasia 18
Nizäa 23
Oviedo 1
Philippi 13
Qasr ibn Wardan 28
Ravenna 6
Rom 7

Rossano 8
S. Giovanni Vecchio 9
S. Pedro de la Nave 3
Saloniki 12
Skripu 15
Stilo 8
Thasos 20

Trapezunt 29
Vagharshapat 31
Venedig 5

ANMERKUNGEN

Seite 17
Die Form des Kreuzes ist der Tempel, der Tempel, der Sieg Christi, das heilige Symbol des Triumphs kennzeichnen den Ort.

Seite 27
Der am Freitag stattfindende islamische Hauptgottesdienst fand ursprünglich in der besonders privilegierten Freitagskirche statt. Die *Hagia Sophia* wurde zur Hauptkirche Konstantinopels.

Seite 30
Der byzantinische Geschichtsschreiber Prokop, geb. zwischen 490 und 507, gest. nicht vor 555, verfaßte einen Bericht über die Bauten Justinians. Übersetzung nach A. M. Schneider.

Seite 38
Das Klostergewölbe ist eine der Kuppel verwandte Gewölbeform, besitzt jedoch einen polygonalen, keinen runden Grundriß.

LITERATUR

W. Müller-Wiener »Bildlexikon zur Topographie Istanbuls«, Tübingen 1977. – C. Mango »Byzantinische Architektur«, Stuttgart + Mailand 1975. – E. Melas (Hrsg.) »Alte Kirchen und Klöster Griechenlands«, Köln 1972. – H. L. Nickel »Byzantinische Kunst«, Heidelberg 1972. – W. F. Volbach & J. Lafontaine-Dosogne »Byzanz und der christliche Osten« (Propyläen-Kunstgeschichte III), Berlin 1968. – C. Delvoye »L'Art byzantin«, Paris 1967. – R. Krautheimer »Early Christian and Byzantine Architecture« (Pelican History of Art), Harmondsworth 1965. – D. Talbot Rice »Byzantinische Kunst«, München 1964.

REGISTER